ÉTUDES DE SOCIOLOGIE

LES ANARCHISTES

PAR

CÉSARE LOMBROSO

TRADUIT DE LA 2ᵉ ÉDITION ITALIENNE

par les Docteurs M. HAMEL et A. MARIE

Médecins des Asiles publics de la région de Paris

PARIS

ERNEST FLAMMARION, ÉDITEUR

26, RUE RACINE (PRÈS L'ODÉON)

Tous droits réservés

LES
ANARCHISTES

PRÉFACE DE LA PREMIÈRE ÉDITION

Je m'attends à ce que cet ouvrage, publié comme *Tre Tribuni*, comme l'*Antisemitisme* et comme le *Délit Politique*, complètement en dehors des partis qui déchirent et ruinent notre pays, subisse le même sort qu'eux et reçoive de tous un mauvais accueil.

Peut-être même le poignard de l'anarchiste, qui croit réfuter en tuant, et la dague du garde de police italienne qui, avec une logique à peu près semblable, prétend être l'arbitre de la pensée, s'apprêtent-ils alternativement à le réfuter d'un commun accord et d'une même manière : par la violence.

Eh bien, ce sera l'unique et la meilleure récompense que je puisse désirer comme devant prouver (trop expérimentalement peut-être) l'impartialité de la méthode psychiatro - anthropologique appliquée aux questions actuelles les plus palpitantes.

Cette méthode, j'ai tenté de la suivre dans mes autres ouvrages, et je voudrais la voir rester comme un phare au-dessus de toutes ces caduques et souvent trop basses préoccupations politiques que le temps et les intérêts rayent d'un trait pour toujours.

C. LOMBROSO.

Le 12 juillet 1894.

PRÉFACE DE LA DEUXIÈME ÉDITION

Je suis heureux de pouvoir reprendre
ce travail à tête reposée pour en com-
pléter les points défectueux et pour pouvoir répondre à de nombreuses objections
qui m'ont été faites par des critiques
aussi savants que courtois.

Un économiste très autorisé, le professeur Angelo-Majorana, auteur de la *Teoria
sociologica della constituzione politica*, m'a
fait cette objection : « Vous nous présen-
tez une pathologie individuelle plutôt que
sociale, bien que vous lui donniez le titre
de psychiatrie sociale. Or il serait intéressant de savoir comment il se fait, par
exemple, que celui qui dans d'autres con-

ditions de temps et de lieu serait devenu un brigand, un pirate ou un aventurier devienne aujourd'hui un anarchiste dans la plus mauvaise acception du mot. »

Ma réponse se trouve exposée dans le premier chapitre, où j'ai essayé de faire ressortir les conditions dans lesquelles vit la société actuelle, tout entière basée sur le mensonge et en proie à un fanatisme économique qui va souvent jusqu'au délire.

Les aliénés, les criminels, les passionnés surtout, à tendances altruistes, ont surgi de tout temps, même à l'époque sauvage; mais alors ils trouvaient un aliment dans les religions; plus tard, ils se rejetèrent dans les factions politiques et les conjurations antimonarchiques de l'époque. D'abord croisés, puis rebelles, puis chevaliers errants, puis martyrs de la foi ou de l'athéisme, comme Giordano Bruno, Arnaldo de Brescia, ou tribuns comme Marcel, Cola de Rienzi, ils furent aussi régicides comme Brutus, Damiens, Ravaillac.

Celui qui aujourd'hui se mettrait à la tête d'une entreprise de ce genre, comme l'ont tenté Lazzaretti et, dans un autre ordre d'idées, Coccapieller, serait exposé à tomber rapidement dans le ridicule.

De nos jours, et surtout chez nos races latines, lorsqu'un de ces fanatiques altruistes surgit, il ne trouve d'autre aliment possible à ses passions (j'entends dans le monde normal) que sur le terrain social et économique. Il n'y a plus guère qu'en Allemagne ou en Angleterre où il pourrait trouver encore le piétisme religieux, l'esprit de caste ou tout au moins l'esprit de charité. C'est ce que fait si justement remarquer Ferrero dans sa belle étude l'*Idéa libérale*.

En Angleterre, le terrain le plus propice et le plus favorable au fanatisme est la religion ; et de fait, en Angleterre la religion recrute des millions de fanatiques, qui, sous les noms et les théories les plus diverses, s'agitent fiévreusement pour sauver l'âme humaine de la perdition du vice.

Ils ont là un champ immense où ils peuvent s'agiter et nourrir leur passion, construisant des églises, fondant des œuvres pieuses, faisant des conférences, etc., etc. Dans les pays latins au contraire, où l'Eglise catholique étend sa domination, la religion n'est qu'un bien faible dérivatif pour le fanatisme, et non point tant à cause de l'irréligion et de l'incrédulité de la masse (bien moindres qu'on ne le croit généralement même dans la patrie de Voltaire), que par l'organisation même de l'Église catholique.

L'Église catholique est une grande institution hiérarchique presque tout entière fondée sur l'obéissance et la subordination ; tout le monde y a son poste, sa ligne de conduite tracée, ses idées déjà fixées par des lois immuables.

Les fanatiques actifs comme Caserio, qui sont instinctivement portés à l'indépendance et à la révolte, ne peuvent par conséquent que s'y trouver mal à l'aise, tandis qu'ils auraient très bien pu vivre dans l'indépendance un peu anarchique des diverses sectes protestantes, libres et autonomes comme autant de petits clans de tribus barbares. En Angleterre, Caserio aurait peut-être pu trouver place dans les rangs de l'*Armée du Salut* du général Booth qui aurait fourni un aliment à son besoin d'action et à son fanatisme, mais il ne pouvait trouver place dans l'Eglise catholique, sauf peut-être dans les missions, l'unique département de l'Eglise qui laisse à chacun une certaine indépendance et une certaine autonomie (1).

Les tendances philanthropiques, très fortes en Allemagne et surtout en Angleterre, mais qui manquent à peu près complètement chez les nations latines, sont un autre aliment au fanatisme. Londres est le centre d'action de tous ces exaltés de la philanthropie. Ce sont des hommes et des femmes de toutes les classes et de tous

----

(1) Le frère de Caserio a récemment fait parler de lui pour avoir cherché vainement à entrer dans plusieurs ordres cloîtrés d'Italie.

les rangs de la Société, riches ou pauvres,
instruits et ignorants, normaux ou déséquilibrés, qui se sont mis en tête d'apporter un remède aux maux sociaux, chacun
voulant délivrer la société d'une forme
spéciale de misères et de souffrance.

L'un a pris à cœur les souffrances des
enfants torturés par leurs parents, l'autre
s'occupe des vieillards devenus aveugles,
un troisième des fous maltraités dans les
asiles, un autre des prisonniers sortis de
prison, et tous travaillent sans relâche,
imprimant des journaux, tenant des discours, organisant des sociétés et parfois
réussissant à provoquer une grande épidémie sentimentale et une crise aiguë de
l'opinion publique qui aboutit à quelque
importante réforme humanitaire. Ce genre
d'activité est dans certains cas un succé-
dané excellent de ce fanatisme politique
qui aboutit aux attentats et à la dynamite.
Mais, dans nos pays latins, ces sortes d'agitations n'ont aucune répercussion, parce
qu'elles tomberaient dans le vide ; la tra-

dition, qui veut que la charité administra-
tive soit exercée par l'intermédiaire de
l'autorité publique et de l'Église, est tellement forte et ancrée dans nos mœurs, que
personne ne songe à s'occuper personnellement des misères sociales.

Dans nos grandes villes, si par exemple
des enfants viennent à être maltraités,
aussitôt les journaux s'en emparent, pro-
testant énergiquement, secouant l'opinion
publique ; celle-ci demande à l'État une
loi qui ne sera même pas appliquée, et
elle s'en contente; mais personne ne son-
gera à fonder des sociétés privées comme
il y en a tant en Angleterre pour réprimer les parents coupables, et arriver à
temps pour arracher de leurs mains les
petites victimes.

En France comme en Italie, on ne par-
vient jamais à provoquer un grand courant de protestation morale contre quelques-unes des plus tristes misères sociales.
Les agitations, qui en Angleterre se suc-
cèdent sans intervalles, sont presque in-

connues chez nous, et les tempéraments enthousiastes et actifs doivent chercher ailleurs un champ où ils puissent à leur aise déployer leur énergie.

Il faut considérer enfin qu'en France et en Italie, quelques-unes de ces formes spéciales qu'a revêtues le fanatisme, assez vives il y a quelques années, vont maintenant en s'affaiblissant, surtout le fanatisme patriotique qui avait enrôlé tant d'esprits et constituait un danger moindre que le fanatisme anarchique.

En Italie, dans les classes populaires, le fanatisme patriotique, un moment rallumé par la guerre de l'indépendance, s'est progressivement atténué par suite de la terrible crise économique que nous traversons et des hontes d'Afrique. En France, ce même patriotisme, réveillé par la guerre malheureuse de 1870, et qui depuis a revêtu tant de formes différentes, qui ont atteint leur apogée dans le boulangisme, va maintenant en s'affaiblissant faute de stimulants extérieurs.

Aussi ne reste-t-il plus que le fanatisme social, économique et politique. Sans limites précises dans ses aspirations, il a d'autant plus de prise sur les masses, qu'il peut léur faire espérer bien plus qu'il ne peut obtenir ; le mirage que les sectes anarchistes font briller aux yeux de la masse des malheureux, les amène à croire qu'en guérissant les misères sociales on guérit aussi les misères individuelles.

Mais, malheureusement, si le fanatisme religieux et patriotique n'est pas toujours funeste par ses conséquences, le fanatisme politique peut le devenir. La politique est toujours une lutte ; or, si un sectaire énergique prend part au mouvement et se jette dans la lutte, il y apportera fatalement une passion exaltée et ne craindra pas d'aller dans ses haines comme dans son amour jusqu'aux plus extrêmes limites.

N'a-t-on pas vu les fanatiques religieux devenir assassins au temps où la religion (comme par exemple pendant la réforme), incitait à la lutte entre sectes adverses ?

Fatalement la même chose se produit, et avec une plus grande facilité dans la politique qui est avant tout une lutte d'idées, de tendances et d'intérêts. Un fanatique à passions vives, et dont l'éducation est peu développée, arrive facilement à personnifier dans un individu un parti politique, une institution quelconque. Cette tendance, qui est si naturelle à l'esprit humain, prend des proportions démesurées chez un prédisposé, chez un épileptique, grâce surtout à notre éducation classique qui nous fait voir l'héroïsme et la vertu dans la violence.

D'un autre côté, « comment expliquez-vous, me demande un journaliste et adversaire, que Caserio, paysan ignorant et grossier, soit arrivé d'un trait à concevoir et à accomplir, avec autant de sang-froid, d'audace et de précision, un attentat qui aurait fait reculer le récidiviste le plus endurci ? »

« Il eût fallu d'abord nous indiquer

comment l'épilepsie du père, la pellagre du frère, le fanatisme du meurtrier ont pu amener une transformation si profonde et si rapide ; mais cela n'aurait pas encore suffi à expliquer aux profanes le processus psychologique, la cause immédiate et efficiente. »

Nous répondrons : C'est que les profanes ignorent que la psychiatrie a démontré combien la passion violente et l'hérédité épileptique et pellagreuse prédisposent le cerveau à tous les excès, augmentent l'*exposant*, si je puis m'exprimer ainsi, du sentiment ordinaire, le polarisent, le font converger vers une seule direction et arrivent ainsi à combler le fossé qui sépare le paysan apathique du sectaire violent. N'oublions pas non plus que les conditions si malheureuses dans lesquelles vit le paysan lombard fournissent plus qu'un prétexte, une raison, à l'homme qui se passionne même d'une façon irraisonnée pour les douleurs d'autrui.

Ce sont précisément ces conditions qu'il m'a été donné de constater, en étudiant pendant trente ans la pellagre, qui, comme je l'ai démontré (en vain malheureusement), est due à la malveillance des propriétaires qui, sous l'œil complaisant de la loi, distribuent aux paysans du maïs avarié (1).

Certainement ceux qui ne connaissent pas les diverses formes que revêtent la pellagre et l'épilepsie, surtout héréditaires, et qui ne lisent pas suffisamment pour s'instruire, ne peuvent comprendre qu'il puisse y avoir une relation quelconque entre un délit politique et ces sortes de maladies. Aussi, au lieu de s'en prendre à leur propre ignorance, trouvent-ils plus commode de se moquer de celle d'autrui.

A ceux qui vont répétant : « Tout attentat commis doit être réprimé », et qui ne croient pas que l'étude de la psychiatrie puisse expliquer et atténuer l'énormité du délit, nous ne pouvons que répondre :

(1) Lombroso, *Traité clinique de la pellagre*, Turin, 1893. — Idem, *les Poisons du maïs*.

« Nous faisons notre métier, vous faites le vôtre. Voulez-vous condamner, voulez-vous même revenir à la torture? Eh bien, faites-le sans nous consulter : mais au moins ayez la pudeur de ne pas fausser les faits en votre faveur. De même qu'autrefois on condamnait et on brûlait les hystériques comme sorcières, pourquoi ne tuerait-on pas un fou, un épileptique, un fanatique, si ses tendances délirantes le portent à des excès soulevant contre lui une indignation qui ne pourra être rachetée que par son sang? Mais cela ne peut modifier en rien le diagnostic de l'aliéniste : ce serait comme si on voulait imposer à un botaniste de rayer de la flore l'aconit et la ciguë parce qu'elles sont vénéneuses. Ce botaniste peut-il leur refuser le nom de fleurs parce qu'elles ne nous plaisent pas, et parce que, au lieu d'être parfumées et suaves, la nature a voulu qu'elles fussent toxiques?

Quant à ceux qui n'ont pas même l'excuse d'être journalistes et qui vont jusqu'à

affirmer que dans cet ouvrage nous décla-
rons épileptiques tous les anarchistes,
nous n'avons qu'une chose à leur dire,
c'est qu'ils nous donnent une triste idée
de la science italienne. Si des savants,
ayant à donner leur avis sur un livre populaire de quelques pages, refusent, sans seulement vouloir le lire, de voir quelle part
de vérité il renferme, et s'ils commettent
des erreurs aussi graves à propos d'une
étude aussi simple, quelle œuvre sérieuse
pourraient-ils entreprendre, s'ils ont à
approfondir des questions plus ardues?

C. LOMBROSO.

Le 1er juillet 1896.

LES ANARCHISTES

CHAPITRE PREMIER

SITUATION ET CAUSE DE L'ANARCHIE

De nos jours où les rouages sociaux et politiques tendent sans cesse à se compliquer,
une théorie comme celle de l'anarchie, qui
songe à nous ramener à l'homme préhistorique
et à l'époque antérieure au *pater-familias,* ne
saurait être considérée que comme un monstrueux retour en arrière. Toutefois, comme
chaque fable qui contient une part de vérité,
chaque théorie, si absurde soit-elle, contient
toujours (et à plus forte raison quand elle a
un grand nombre de prosélytes), certains côtés
justes. Sous le seul prétexte qu'elle veut nous
ramener aux temps antiques, nous ne devons
pas l'écarter de prime abord. Seule notre excessive vanité humaine peut nous faire croire

que nous sommes en progrès continuel sur l'antique état de choses et sur l'homme primitif. Notre progrès n'est pas une parabole en ascension constante, mais une ligne très brisée à rentrants nombreux ; le retour à l'antiquité (qu'on se souvienne du *multa renascentur quæ jam cæciderunt*) n'a pas toujours été un signe de recul ; exemple : le divorce, qui jusqu'à un certain point est un retour aux habitudes d'antan ; exemple : les théories sur l'hypnotisme et le spiritisme, qui ont remis à jour beaucoup de ces prophéties et pratiques magiques que nous avions reléguées parmi les croyances enfantines des temps anciens ; exemple : les nouvelles théories sur le monisme sur la défense sociale, sur le droit de punir, qui se rapprochent beaucoup de celles des temps antiques, tout comme s'y rattachent aussi le suffrage universel, le *referendum,* etc. (1).

La plus importante explication du réveil de l'idée arnarchiste se trouve du reste dans l'examen de notre état social actuel. Evidemment, si on s'adresse à un employé bien payé ou à un de ces propriétaires aussi bornés au point de vue intellectuel qu'au point de

(1) Lombroso, *Contempor, Rev.*, 1 vol. 95-3.

vue éthique, et qu'on leur demande s'ils se
trouvent bien du régime actuel, ils vous répon-
dront que tout va pour le mieux : ils sont contents de leur sort, pourquoi d'autres seraient-
ils mécontents du leur ?

Mais, si nous interrogeons des esprits à
conscience élevée, comme Tolstoï, Richet,
Serge, Hugo, Zola, Nordau, De Amicis, ils vous
diront que notre fin de siècle apparaît sous un
jour bien triste.

Tocqueville, un des esprits les plus positifs et
un des hommes de gouvernement les plus pon-
dérés qu'aient eus les races latines, disait lui-
même : « Nos gouvernements ont le tort de
« s'appuyer uniquement sur les intérêts. Une
« fois qu'ils sont devenus impopulaires, ceux
« mêmes auxquels ils auront tout sacrifié, non
« contents des privilèges obtenus, leur jette-
« ront la première pierre.

« Quand je pense à l'énorme diversité qui se
« rencontre de nos jours non seulement dans les
« lois, mais dans le fond même de ces lois,
« quand j'envisage toutes les formes que revê-
« tit et que revêt encore aujourd'hui le droit
« de propriété, je suis presque tenté de croire
« que toutes ces institutions, prétendues néces-

« saires, ne sont tout simplement que les ins-
« titutions auxquelles nous sommes le plus
« accoutumés et qu'en matière de constitution
« sociale les changements devraient être beau-
« coup plus nombreux que les hommes ne le
« pensent généralement. »

A vrai dire, nous souffrons surtout du défaut d'équilibre économique ; non pas qu'il
soit moindre qu'autrefois : les famines qui autrefois faisaient des millions de victimes n'en
font plus aujourd'hui que quelques centaines ; et,
à présent nos dernières ouvrières possèdent plus
de chemises que nos plus nobles châtelaines
d'antan. Mais les besoins se sont accrus en disproportion avec le revenu, en même temps
que l'orgueil répugne de plus en plus à certains modes de les satisfaire ; la charité con-
ventionnelle ou religieuse est encore le moyen le
plus généralement employé pour soulager les misères humaines ; mais, si elle apaise les premiers
besoins, par contre elle irrite l'amour-propre
naturel à l'homme moderne. Quant à la coo-
pération, elle a une zone d'action trop limitée ;
d'ailleurs dans la plupart de nos campagnes
elle fait complètement défaut.

Encore ces deux moyens seraient-il d'une

efficacité réelle qu'ils ne suffiraient pas à produire l'apaisement, parce que le fanatisme économique, qui s'est élevé sur les ruines du fanatisme patriotique et du fanatisme religieux, a surgi plus aveugle et plus violent que tous les autres.

C'est que l'idéal religieux, familial ou patriotique, l'esprit de clocher, de foyer, l'esprit de corps ou de caste, toutes ces anciennes tendances tombent peu à peu en désuétude. Et, comme un idéal est toujours nécessaire à l'homme, il s'est rattaché à l'idéal économique, qui, plus positif, plus directement relié aux nécessites de la vie, ne pouvait, comme les autres, s'effondrer sous la logique inflexible de l'analyse moderne. Aussi l'homme lui a-t-il apporté toute l'énergie autrefois disséminée dans les autres.

Ajoutons que les vertus liées avec l'ancien idéal déchu : générosité, tolérance, esprit de sacrifice, etc., ont bien à peu près disparu avec lui; mais les inconvénients qui en résultaient et leurs influences néfastes subsistent encore.

Ainsi l'histoire a fait justice des deux anciens états sociaux (noblesse, clergé), mais elle n'en a pas complètement effacé les restes : nous souffrons encore de l'un et de l'autre tout en subissant le joug de leurs successeurs. L'altière domination féodale par exemple, l'intolérance et l'hypocrisie religieuse ont persisté en beaucoup d'endroits, accrues de l'arrogance du tiers état.

La domination théocratique a depuis longtemps disparu de nos mœurs, du moins en apparence ; et cependant essayez d'agiter une question qui ait trait de près ou de loin à l'élément religieux, parlez, par exemple, du divorce, de l'antisémitisme, de la suppression des écoles religieuses, et vous verrez l'opposition que vous feront (bien entendu sous les formes les plus diverses) les gens mêmes qui paraissent les plus libéraux. Ils mettront en avant la liberté individuelle atteinte, le respect de la femme, la protection des enfants, etc.

La domination de la caste militaire a également disparu depuis plusieurs siècles, et cependant venez à toucher cette corde sensible, sinon dans les masses, du moins dans un milieu d'officiers et de sous-officiers : vous aurez immédiatement tout le monde contre vous.

Est-ce que tous les ans l'État n'engloutit pas des millions pour entretenir des centaines de galonnés, de généraux inutiles, lésinant au contraire sur quelques centimes à donner à de malheureux maîtres d'écoles, auxquels il se contente d'adresser de stériles éloges et de fallacieuses promesses ; on frappe d'impôts le malheureux paysan qui peut à peine vivre, et on ne craint pas de nous mener à une banqueroute qu'on cherche vainement à dissimuler !

On peut en dire autant de l'idéal patriotique et de l'idéal esthétique. On a bien l'air de les dédaigner à vrai dire, mais allez seulement parler aux masses françaises d'en finir avec leur haine contre les Italiens, contre les Anglais, contre plus de la moitié des nations ; essayez de montrer aux bourgeois italiens combien ils sont ridicules avec leur fausse adoration des classiques, qu'au fond ils ne savent ni apprécier ni comprendre, leur sacrifiant sans regret les heures les plus précieuses de la vie de leurs enfants ; tous feindront de ne pas vous comprendre et même paraîtront scandalisés.

Et contre l'esprit exagéré de lucre des industriels s'avance déjà menaçant le quatrième état qui proteste contre tous, et qui, comparant son salaire avec ses peines, commence à y trouver une disproportion trop flagrante avec les gains que réalisent les classes supérieures.

Et toutes ces réclamations sont d'autant mieux écoutées, acclamées avec plus d'enthousiasme dans les milieux où la misère se trouve moins intense, parce que justement c'est là que la réaction y est plus aisée. Ainsi, les malheureux Hindous, qui meurent de faim par millions, n'ont pas la force de réagir, pas plus que les paysans de Lombardie décimés par la pellagre : au contraire, les paysans d'Allemagne et de la Romagne, et mieux ceux d'Australie, qui vivent dans des conditions relativement moins précaires, ont une force d'initiative et de réaction plus grande qui leur permet de protester pour ceux qui sont plus malheureux qu'eux. En effet, les anarchistes ne se recrutent pas parmi les plus pauvres ; quelques-uns même sont riches.

Il est indéniable que les institutions sociales et politiques, aussi bien sous l'étiquette républicaine que monarchique, sont, principalement chez les Italiens, un énorme mensonge conventionnel, que nous avouons tous dans notre for intérieur, tout en le niant du bout des lèvres : mensonge, la foi dans le parlementarisme, qui chaque jour met à nu sa triste impuissance ; mensonge, la foi dans l'infaillibilité des chefs d'État, qui sont souvent inférieurs au dernier d'entre nous; mensonge, la foi dans une Justice qui pèse d'un si grand poids sur les honnêtes gens, punissant à peine le quart des vrais coupables, pour la plus grande partie faibles d'esprits, et laissant en liberté les autres, obéis et admirés par les simples et les naïfs destinés à devenir leurs victimes.

Nous, Italiens, n'avons même pas songé à améliorer nos terres incultes ; et, semblables à des enfants, nous allons folâtrer sur une côte presque déserte, où nous verserons sans doute beaucoup de sang, mais où nous ne récolterons rien (1).

Aux maux profonds qui épuisent nos organes, comme la pellagre et l'alcoolisme : à la superstition et à l'injustice légale, à l'ignorance scolastique, nous croyons apporter un remède par des démonstrations théâtrales, des phrases de rhétorique, des formules magistrales! Nous croyons ainsi avoir remédié à nos maux, et nous ne voyons pas que nous piétinons sur place, quand nous ne reculons pas.

La Société de notre capitale, régie comme le Japon, par un Mikado ou par un Taïkoun, et

(1) Ecrit en 1890.

livrée à toute une tourbe de mauvais rhéteurs,
nous laisse entrevoir un résumé de toutes ces
plaies qui dévorent l'Italie : un clergé impuis-
sant au point de vue théorique, mais de
fait encore influent auprès des deux classes
extrêmes de la société (le peuple et la noblesse), une caste d'avocats qui officiellement a
hérité du pouvoir, sans conserver le prestige
des deux qui l'ont précédée, et qui au fond leur
est peu supérieure comme valeur et comme énergie ; la médiocrité dominant partout et n'aspirant
qu'à jeter de la poudre aux yeux sans aucun
souci, sans aucune prévision de l'avenir ; tel
est l'état de notre société actuelle. Partout
l'éclat extérieur et les fêtes sont préférées à
l'élaboration sérieuse des institutions ; partout
l'adoration fétichiste du clocher, l'esprit de
secte sont substitués à l'amour vrai de la Patrie.

Au fond de ces agitations apparentes, c'est
l'immobilité immuable des mers tropicales,
dont le calme n'est interrompu qu'à de rares
intervalles ; les courtes bourrasques sont sou-
levées par des hommes plus habiles qu'honnêtes,
qui empruntent le masque d'Eole pour exploiter
la foule trop crédule à qui ils vendent leur
influence éphémère.

Et l'instruction qu'on nous donne, au lieu de guérir les plaies, les aggrave ; nous vivons à une époque où les jours sont des années, les années des siècles, et nous continuons à faire vivre nos jeunes gens dans une atmosphère d'il y a deux mille ans !

C'est à peine si les esprits les plus distingués de notre époque ont le temps de posséder ces éléments nécessaires à tous (histoire naturelle, hygiène, langues vivantes, statistique) : et nous voulons qu'ils 'perdent le meilleur de leur temps à épeler sans profit des langues et des sciences mortes : tout cela pour sacrifier au bon goût; alors que nous trouverions tous ridicule qu'on nous enseigne, par exemple, pendant dix ou douze ans à dessiner des fleurs ou à faire du solfège.

Le fleuve de la vie moderne passe devant nous débordant de faits, et nous n'en avons cure.

M. d'Azeglio écrivait avec sa franchise habituelle : « Quand je pense que j'ai passé cinq ou six années à apprendre le latin, à cet âge où l'on serait le plus apte à profiter avec fruit de l'enseignement des langues modernes!... Songer qu'au lieu d'avoir appris plus ou moins mal du grec et du latin, qui, je peux le dire ne me servent à rien, je posséderais aujourd'hui des langues comme l'anglais et l'allemand qui me seraient si utiles. Mais j'ai été élevé sous la domination du principe jésuitique qui n'a jamais résolu d'autre problème que celui-ci : Pousser un jeune omme jusqu'à l'âge de vingt ans, en le faisant étudier sans relâche, lui apprendre des choses qui lui serviront peu ou pas, rapetisser en lui le caractère, l'intelligence et le jugement qui font un homme. »

Combien nos neveux souriront un jour quand on leur dira que des milliers et des milliers d'hommes ont sérieusement cru à la valeur de fragments de classiques appris par cœur en bâillant et aussi vite oubliés ! Combien ils riront quand on leur dira qu'ils considéraient les arides règles d'une langue ancienne comme le levier le plus puissant pour former l'intelligence de la jeunesse, considérant comme inutiles et secondaires l'exposition et l'étude des faits qui nous entourent !

Comme ils souriront quand on leur dira que, peu d'années auparavant, le latin était considéré comme nécessaire pour faire de bons médecins, des ingénieurs, des marins, des militaires ; alors que les règles de la stratégie, de l'hygiène, des mathématiques, subissent chaque jour tant de modifications et que, pour l'étude des connaissances techniques les plus élémentaires, l'étude des langues modernes est devenue indispensable !

En attendant, on fait des générations dont le cerveau s'imprègne pour longtemps de la forme et non de l'idée. Et encore ne leur inculque-t-on pas la forme même, qui pourrait se traduire de temps à autre par des chefs-d'œuvres artistiques ; on les imprègne d'une sorte d'adoration fétichiste de la forme, qui devient d'autant plus inexacte, d'autant plus stérile, qu'on y sacrifie un temps inutile.

Et, quand on a bourré ces pauvres cervéaux de toute cette étoupe classique, on les remplit par surcroît de phraséologie métaphysique ou archéologique. Aussi, remercions le ciel d'avoir appris sur le tard notre origine Aryenne ! Autrement nous aurions déjà deux ou trois chaires de *Mana-Darma-Sastra*, et du code de Manou ; nous aurions déjà obligé nos jeunes gens à étudier pendant huit ou dix ans la langue sanscrite, pendant que les chefs de l'instruction publique (surtout ceux qui ignorent cette langue), n'auraient pas manqué de vanter ses vertus et de proclamer qu'elle était seule apte à former la jeunesse.

Et voilà pourquoi, manquant d'une base solide, un jeune homme se jette dans toutes les innovations, même les plus erronnées, les plus discordantes avec l'époque, parce qu'elle lui rappellent de loin des souvenirs mal digérés de l'antiquité. Ceux qui en douteraient n'ont qu'à se reporter au classicisme des révolutionnaires de 89, ou à lire *le Bachelier* et *l'Insurgé* de Vallès, pour comprendre combien cette fausse éducation contribue à faire un déclassé et un rebelle.

Cet abus de l'éducation classique est tellement développé chez nous, que nous avons toujours pris de l'argent pour élever un monument ou fêter un centenaire, mais jamais pour construire une école, fonder une industrie, assainir un pays.

C'est encore cette éducation qui a créé le culte de la violence d'où sont sortis tous nos révolutionnaires, depuis Cola da Rienzi jusqu'à Robespierre.

Toute cette éducation classique, écrit Guillaume Ferrero (*Réforme sociale*, 1894), qu'est-elle sinon une glorification continue de la violence sous toutes ses formes, qui commence à l'apothéose des assassinats commis par Codrus et Aristogiton, pour arriver au régicide de Brutus ?

Et telle qu'on l'enseigne de nos jours, l'histoire du moyen âge, l'histoire moderne et même l'histoire de notre Renaissance, qu'est-elle, sinon la glorification faite à un point de vue spécial d'actes brutaux et violents ?

Un poète que tout le monde considère comme le représentant moral de toute l'Italie moderne n'a-t-il pas écrit au milieu des applaudissements généraux :

Voglio del ferro e del vino	Je veux du fer et du vin,
. . . .	. . . .
Del ferro per uccidere i tiranni	Du fer pour tuer les tyrans
Del vino per celebrarne i fune- [rali..	Du vin pour en célébrer les fu- [nérailles..

Et sur ce point tout le monde est d'accord, tant le vice est profond ; les cléricaux crient hourra au poignard de Ravaillac, les conservateurs à la fusillade en masse des fédérés de 1871, les républicains à la bombe d'Orsini ; tous sont d'un commun accord pour célébrer la sainteté de la violence quand elle tourne à leur profit. Dans ces derniers temps n'a-t-on pas, au lieu de choisir un homme de science ou un grand artiste, fait de Napoléon Ier le héros du jour ?

Peut-on alors s'étonner que dans une société aussi saturée de violence, l'orage vienne de temps à autre à éclater de toutes parts ? On ne peut impunément déclarer sainte la violence, en sous-entendant qu'elle doit être appliquée dans certains cas seulement ; tôt ou tard arrivent d'autres partis qui appliquent pour eux cet Évangile de la force. En face de ces faits, l'homme moderne devrait réfréner ses tendances et faire l'abjuration suprême de cette sauvage religion de la force brutale, que l'humanité a suivie si dévotement jusqu'ici ; il devrait comprendre enfin que ce principe : « La violence est toujours immorale, même pour réprimer la violence », n'est pas l'effet d'un sentimentalisme morbide, mais un principe moral qui ressort de l'observation même des faits de la vie. Et on ne saurait trop prêcher cette nouvelle religion de la force morale, si on ne veut pas enrayer le grand mouvement qui s'opère dans la civilisation moderne ; autrement l'Européen avec toute sa science et sa civilisation n'apparaîtrait guère moralement supérieur à cet Australien qui, interrogé par Bonwick sur le bien et sur le mal répondait : « Le bien, c'est quand je prends la femme d'un autre ; le mal, c'est quand un autre me prend la mienne. »

Un fait plus grave que tous les autres consiste en ce que le gouvernement représentatif est basé sur des principes erronés. On a longtemps cru que le pouvoir était d'autant moins despotique, d'autant plus clairvoyant et moral que l'autorité était plus partagée.

Mais on n'a pas songé à ce que formulait Machiavel il y a déjà plusieurs siècles :

« Toute forme de gouvernement porte en elle les germes de sa ruine ; surtout la nôtre, qui est une des moins solides parce qu'elle repose sur la masse ; et une masse d'hommes, même la moins hétérogène, même la mieux choisie, lorsqu'elle est appelée à délibérer, donne une résultante qui n'est jamais la *somme*, mais la *différence numérique* des opinions de la pensée de la majorité. »

D'ailleurs, la forme de nos institutions est erronée jusque dans ses moindres détails. Parmi ceux qu'on met à la tête des affaires, on choisit souvent les moins compétents, et cela parce que les exigences parlementaires veulent

à un moment donné mettre au pouvoir un dé-
mocrate, un Lombard ou un Vénitien. Peut-on
avoir confiance dans le mérite et dans la com-
pétence d'un ministre de la marine choisi parmi
des peintres, ou ministre de l'instruction choisi
parmi des marins? Le système parlementaire,
loin de protéger l'honnêteté, est au contraire un
instrument de malhonnêteté ; il est, comme je
l'ai déjà démontré dans mon *Crime politique*,
la cicatrice trompeuse qui cache la suppuration
et met une entrave au progrès. Plus encore : c'est
lui qui souvent incite au délit. Les derniers procès de banque en Italie et en France nous ont
permis de voir des hommes politiques prenant
part aux vols et aux détournements financiers,
les uns pour en jouir personnellement, d'autres
pour influencer les élections, ou, comme en
France, pour combattre le boulangisme. Voler
au profit de l'État, détourner l'argent le plus
sacré ne semblent plus aujourd'hui un délit à
beaucoup de gens ; tout comme au moyen âge
on trouvait naturel de propager le poison lorsque
les Borgia et même les Dix de Venise s'en servaient comme arme politique.

Or de là à subventionner un journal, à favoriser ses amis avec les fonds du denier public

(*deniers communs, deniers sans maître*) et
s'en servir ensuite pour son usage personnel, le
pas n'est pas grand ; surtout lorsque, comme
aujourd'hui, on songe à suppléer à la capacité
personnelle par l'immoralité. Et, dans le cas
présent, le parlementarisme fait d'autant plus
sentir sa néfaste influence que son irresponsa-
bilité est plus grande.

Des faits semblables se passèrent à toutes les
époques :

A Rome, plusieurs des guerres les plus sanglantes n'eurent d'autre origine que l'avidité in-
satiable d'une petite aristocratie financière. Il y
a deux ou trois ans en Angleterre, et autrefois
en France, c'était un fait normal que le premier
ministre et souvent le roi lui-même reçussent
des pensions des États étrangers ; les ministres
en quelques années de gouvernement et les maî-
tresses du roi en quelques années d'amour,
amassaient d'énormes sommes au milieu d'une
misère générale qui atteignait la cour elle-
même.

Lorsque le gouvernement était despotique,
c'étaient les courtisans ou les favoris du roi qui
touchaient les millions qu'engloutissent aujourd'hui les banques et les Panamas. A présent

les rois volent peut-être moins, mais les députés les ont remplacés, et nous n'avons pas gagné au change. En effet, semblables à de petits rois, ceux-ci se considèrent comme inviolables ; et, plus irresponsables que des rois, ils ne se considèrent plus comme des fonctionnaires publics, courant tout au plus le risque de perdre leur siège et pouvant impunément jouir de l'argent qu'ils ont détourné sous le couvert de leur mandat, il est tout naturel qu'ils en abusent pour peu qu'ils manquent de sens moral ; tandis qu'aujourd'hui, si seulement un roi se permettait d'en faire autant, il commencerait d'abord par tomber dans la mésestime publique et finalement perdrait son trône et peut-être la vie.

Mettez entre les mains d'hommes irresponsables et presque inviolables d'immenses trésors dont ils puissent s'emparer impunément : pourrez-vous réussir à les empêcher d'y toucher ? Et le mal est d'autant plus grand aujourd'hui que, si les rois sont moins nombreux, le nombre des députés et des sénateurs va chaque jour croissant, pendant que les fatigues et les souffrances toujours plus grandes des humbles payent leurs méfaits et leurs prévarications.

Idées justes de quelques anarchistes.

Après ce que nous venons de voir, on peut, je ne dirai pas justifier les idées anarchistes, mais concevoir comment a surgi l'anarchie, comment a pu se former dans une âme trop sincère ou folle l'idée de protestation contre le mensonge et l'injustice, qui règnent souverains, foulant aux pieds la vérité et l'honnêteté.

Ainsi s'expliquent les écrits de certains anarchistes, dont la justesse est incontestable, comme ceux-ci par exemple de Merlin, de Malatesta et de Kropotkine :

« Quelle est la raison d'être du gouvernement ?

« Pourquoi abdiquer entre les mains de quelques individus sa propre liberté, sa propre initiative ? Pourquoi leur donner la faculté de s'emparer, avec ou contre la volonté de chacun, des forces de tous et d'en disposer à leur gré ? Sont-ils donc si exceptionnellement doués qu'ils puissent, avec quelque apparence de raison, se substituer à la masse et satisfaire en entier tous les intérêts des hommes, mieux que ne sauraient le faire les intéressés eux-mêmes ? Sont-ils infaillibles et incorruptibles au point qu'ils croient pouvoir, sous un prétexte de sûreté générale, sauvegarder le sort de chacun et de tous par leur savoir et leur intégrité ?

« Et, quand il existerait des hommes d'une intégrité et d'un savoir infinis, quand par une hypothèse qui ne s'est jamais vérifiée dans l'histoire et que nous croyons invérifiable, le pouvoir gouvernemental viendrait à être dévolu aux meilleurs et aux plus capables, croit-on que leur arrivée au gouvernement ajouterait quelque chose à leur pouvoir bienfaisant ? Au contraire, elle le paralyserait, le détruirait par la nécessité où se trouvent les hommes à la tête des affaires de s'occuper d'une quantité de choses sur lesquelles ils sont incompétents, par la nécessité où ils se trouvent de dissiper le meilleur de leur énergie à se maintenir au pouvoir, à contenter leurs amis, à réfréner les mécontents et à dompter les rebelles.

« Et d'ailleurs, que les gouvernements soient bons ou méchants, savants ou ignorants, qui leur a donné leur mandat, qui les a désignés à cette haute fonction ? Ils se sont imposés d'eux-mêmes par droit de guerre, de conquête et de révolution. Quelle garantie alors peut avoir le public qu'ils aspireront à l'utilité générale ?

« Il s'agit, au fond d'une simple question d'usurpation : et il ne reste aux soumis, s'ils sont mécontents, que l'appel à la force. Toutes les théories qu'on emploie pour justifier le gouvernement sont basées sur cette idée préconçue, ce préjugé, qu'il est besoin d'une force supérieure pour obliger les uns à respecter les intérêts des autres.

« Or regardons plutôt les faits.

« Dans tout le cours de l'histoire aussi bien qu'à l'époque actuelle, le gouvernement n'a toujours été que la domination brutale, violente, arbitraire, d'un petit nombre sur les masses, ou bien un instrument adapté pour assurer la domination et le privilège de ceux qui par force, par ruse ou par simple héritage, ont accaparé tous les moyens de production, le sol principalement, et s'en servent pour tenir le peuple en servitude et le faire travailler pour leur compte.

« On opprime le peuple de deux façons : ou directement, au moyen de la force brutale, de la violence ; ou indirectement, en lui soustrayant les moyens de subsistance et en le réduisant ainsi à discrétion. Le premier mode a été l'origine du pouvoir ou mieux du privilège politique, le second a été la source du pouvoir et du privilège économique.

« D'abord, il n'est pas prouvé que, si les conditions changeaient, le gouvernement changerait de nature et de fonctions. Organe et fonctions sont deux termes inséparables. Enlevez à un organe sa fonction : ou l'organe mourra, ou la fonction se reconstituera. Mettez une armée dans un pays où il n'y a ni raison ni crainte de guerre intérieure ou extérieure : elle tâchera d'y provoquer la guerre, et, si elle n'y réussit pas, se disloquera fatalement. Mettez une police là où il n'y a ni crimes ni criminels à arrêter : elle cherchera à susciter, elle inventera même des crimes et des criminels, et, si elle ne peut réussir, elle cessera d'exister.

« En France, il existe depuis des siècles une institution aujourd'hui rattachée à l'Administration des forêts : la *louveterie*, dont les officiers, employés, ont charge de pourvoir à la destruction des loups et autres animaux nuisibles. Or personne ne sera étonné d'apprendre que c'est justement grâce à cette institution que les loups se conservent en France et qu'ils y font encore de grands ravages dans les saisons rigoureuses. En effet, le public ne s'occupe pas des loups, puisqu'il y a des *louvetiers* chargés de les détruire ; de leur côté, les *louvetiers* font bien la chasse, c'est vrai, mais ils la font *intelligemment*, épargnant les repaires et laissant le temps à la reproduction pour ne pas risquer de détruire une espèce aussi intéressante pour eux. Et, de fait, les paysans ont peu de confiance dans ces *louvetiers* et les considèrent plutôt comme des conservateurs de loups. Et c'est naturel : que feraient des « lieutenants de louveterie » s'il n'y avait plus de loups ?

« Un Gouvernement, c'est-à-dire un groupe d'hommes chargés de faire des lois et exercés à se servir de la force de tous, pour obliger chacun à les respecter, constitue déjà une classe privilégiée et séparée du peuple. Le Gouvernement cherchera instinctivement, comme tout corps constitué, à étendre ses attributions, à se soustraire au contrôle du peuple.

« Mais supposons même que ce Gouvernement ne constitue pas par lui-même une classe à part, qu'il puisse vivre sans constituer autour de lui une nouvelle classe de privilégiés, qu'il reste le représentant, le serviteur fidèle de toute la société. A quoi servirait-il alors ?

« C'est toujours la vieille histoire de l'homme

enchaîné, qui, ayant réussi à vivre malgré ses chaînes, croit qu'il ne peut plus vivre sans elles. Nous sommes habitués à vivre sous un gouvernement qui accapare toutes les forces, toutes les intelligences, toutes les volontés, qu'il est libre de diriger à ses fins, qui entrave, paralyse, supprime toutes celles qui lui sont inutiles et hostiles, et nous nous imaginons naïvement que tout ce qui se fait autour de nous ne se fait que par mesure de Gouvernement et que sans le Gouvernement il n'y aurait plus dans la société ni force, ni intelligence, ni bonne volonté. C'est ainsi (nous l'avons déjà dit) que le propriétaire qui s'est emparé de la terre la fait cultiver pour son profit personnel, ne laissant au travailleur que le strict nécessaire pour vivre et pour recommencer le même travail journalier; et le travailleur asservi pense qu'il ne pourrait vivre sans le patron, comme si ce dernier créait la terre et les forces de la nature !

« Les coutumes suivent toujours les besoins et les sentiments de la généralité ; et elles sont d'autant plus respectées qu'elles sont moins sujettes à la sanction de la loi, parce que tout le monde en voit et en comprend l'utilité, et parce que les intéressés, ne s'illusionnant pas

sur la protection du gouvernement, songent à
les faire respecter eux-mêmes. Pour une cara-
vane qui traverse les déserts de l'Afrique, la
bonne économie de l'eau est une question de
vie ou de mort pour tous ; l'eau devient alors
une chose sacrée, et personne ne se permet de
la gaspiller. — Lorsque des conspirateurs ont
besoin du secret, le secret est toujours conservé, et celui qui le violerait serait frappé
d'infamie. Les dettes de jeu ne sont pas garanties
par la loi, et cependant, entre joueurs, celui qui
ne paye pas est taxé de déshonneur.

« Est-ce par hasard, par crainte des gendarmes, qu'on ne tue pas plus qu'on ne le fait ?
La plus grande partie des communes d'Italie ne
voit les gendarmes que de temps en temps ;
des millions d'hommes vont par monts et par
vaux, loin de l'œil tutélaire de l'autorité. On
pourrait les frapper sans encourir le moindre
danger ; et pourtant ils ne sont pas moins en
sûreté que ceux qui vivent dans les centres les
plus surveillés. La statistique nous montre
combien peu les mesures répressives influent
sur le nombre des crimes ; tandis qu'au contraire le nombre varie rapidement avec les modifications des conditions économiques, avec

l'état de l'opinion publique. (Rappelons, à ce propos, que la nouvelle école pénale italienne, par la bouche de E. Ferri, a depuis longtemps soutenu le peu d'efficacité des peines ; mais, avec une prévoyance toute latine, elle s'était aussitôt empressée de leur substituer et d'y apporter comme correctif des mesures préventives, sociales et législatives, telles que la loi du divorce contre l'adultère, des bains publics contre les homicides dus aux coups de chaleur). Quand la Révolution viendra, elle se gardera de créer avec un gouvernement et une propriété individuelle des forces factices : elle laissera au contraire le champ libre à l'expansion de toutes les forces, de toutes les valeurs existantes. »

Ces conclusions sont en partie vraies. On peut affirmer qu'à certaines époques (nous en avons un exemple dans Athènes et dans Florence), l'affaiblissement de l'autorité gouvernementale et une plus grande part laissée à l'initiative des individus fit surgir une foule d'individualités qui, sous une forme de gouvernement plus autoritaire, auraient été entravées dans leur développement et n'auraient pu être mises en lumière. Toutefois il convient d'ajouter que souvent dans ce cas la prépondérance de la foule

finit par y apporter des entraves et par empêcher l'évolution des individualités qui s'étaient
fait jour.

Voici, résumées en quelques préceptes, quelques-unes des théories anarchistes qui méritent
d'être prises en considération :

1° L'homme a droit au bonheur, le bonheur
est le but même de la vie.

2° L'homme est bon par nature (le psychologue est d'un avis contraire), il est digne d'aspirer au bonheur et apte à en jouir.

3° La liberté individuelle absolue, la liberté
pour chacun de satisfaire ses penchants sans
contrainte, est l'unique condition du bonheur.

(Mais ici ils ne songent pas que souvent les
désirs des uns vont à l'encontre des autres.
Ex. : vol, viol, etc.)

4° Toutes les contraintes extrinsèques ou
sociales, intrinsèques ou morales, sont sans
valeur. Elles doivent même être considérées
comme la cause des malheurs et des misères
humaines. (Et les criminels nés, et les fous
homicides, qu'en ferons-nous ?)

5° Le système législatif fut, à l'encontre des
lois naturelles, établi par un groupe d'hommes
voulant gouverner et dominer les autres. A

cette classe tout entière incombe l'état de choses actuel factice et mauvais.

6° Il est possible, il est même nécessaire de refaire de toutes pièces, en rompant complètement avec le passé, un nouvel état de choses où régnerait un bonheur et un accord parfaits. Mais alors il ne faudrait pas seulement pour cela exproprier, comme le veulent les socialistes, les détenteurs du Capital ; il faudrait avant tout détruire tous les freins sociaux et moraux.

(Il nous semble au contraire que le seul fait de rompre brutalement avec le passé suffirait pour rendre l'homme malheureux ; la plupart des peuples sauvages qui ont disparu sous la domination du conquérant l'ont été par le seul fait du contact immédiat avec les innovations trop grandes pour eux, de notre civilisation.)

Quant aux solutions pratiques que poursuivent les anarchistes, elles ont été formulées récemment dans les quelques propositions suivantes :

1° Fondation d'un domaine de classe par *tous* les moyens (dans le mot *tous* couve déjà le délit de droit commun).

2° Fondation d'une société où la mise en commun des biens sera basée sur la libre entente (retour irréalisable au régime primitif.)

3° Organisation facile de la production.

4° Libre échange des produits de même valeur, entre les organismes productifs, avec suppression des intermédiaires.

5° . L'instruction réorganisée sur des bases scientifiques non religieuses et égale pour les deux sexes (étant données les différences organiques entre les deux sexes, ce n'est pas une législation quelconque qui pourrait les égaliser).

6° Les affaires publiques administrées par des communes libres et des sociétés fédérales.

Critique de l'Anarchie. — Absurdités.

Aucun de ces projets, sauf peut-être un très petit nombre, ne semble réalisable. Toutefois tous ne sont pas absurdes, et certaines idées anarchistes ne sont pas sans offrir quelque perspective de réalisation (comme par exemple la plus grande part laissée à l'initiative individuelle et l'abolition des systèmes inutiles de répression). Mais, la part de Dieu et du Diable étant faite sur cette question, l'édifice anarchiste croule sur sa base comme dans ses applications. Quand Kropotkine soutient sérieusement qu'il faut retourner au communisme antique, je ne m'en épouvanterais pas pour mon compte par scrupule à la Spencer, si je voyais qu'il en eût trouvé un moyen vraiment pratique ; mais il conseille ingénûment à l'auteur de se faire éditeur et imprimeur de son livre, tout à l'encontre de la découverte moderne de la division du travail qui aujourd'hui est une chose acquise et que personne ne saurait réfuter : enfin, faute d'autres moyens, il laisse tout le monde libre de se partager le nécessaire, en prenant sur *le tas* tout comme une bande de loups sur leur proie, ne soupçonnant pas qu'à l'instar de ces derniers, une fois la proie devenue insuffisante, ils se dévoreraient entre eux. Il ne voit pas que, si les collectivités sont souvent devenues dangereuses, c'est que, comme nous l'avons déjà fait remarquer, le coefficient des mauvaises tendances et des préjudices causés par chaque individu va souvent en augmentant au lieu de diminuer.

Et, quand ces collectivités ne seraient plus seulement formées de petits groupes, comme nos commissions d'aujourd'hui, comme les jurys, mais par des masses entières, elles seraient cent fois plus stériles, plus dangereuses et plus criminelles. Elles étoufferaient d'un seul coup cette individualité déjà si peu favorisée par nos institutions et que les anarchistes ont tant glorifiée.

Il est d'une observation vulgaire que dans une assemblée les décisions prises sont d'autant moins justes et moins sages que les délibérants sont plus nombreux : tout ce fonds de malfaisance et de vice propre à chaque être humain et qui ne se modifie chez l'individu qu'à force de culture, reparaît toujours à la surface et déverse sur les assemblées sa perverse influence. C'est d'ailleurs ce que disait un vieux proverbe : *Senatores boni viri, senatus mala bestia.* Le mérite des conseils est en raison inverse du nombre des conseillers.

Même sur les intérêts pécuniaires, pourtant si tenaces chez l'homme, il est rare que les assemblées ne commettent pas des erreurs. Et ce serait bien pis lorsqu'on se trouverait aux prises avec des intérêts qui ne touchent pas chacun en particulier, comme les questions politiques, les questions administratives et communales ! Et, à ce propos, nous citerons le vieux proverbe : *Denari del comune, denari di nessuno,* « Argent de tous, argent de personne » (1).

(1) Voir mon *Délit politique,* VI.

De Moltke faisait observer avec raison qu'une assemblée parlementaire dont la responsabilité est répartie entre tous les membres se laisse plus facilement entraîner à la guerre que ne le ferait un souverain ou un ministrè, parce qu'un député qui n'a que la 500° ou la 800° partie de la responsabilité le fait toujours d'un cœur léger.

Du reste, quelles que soient les propositions utiles que puisse faire l'Anarchie, elles, resteraient quand même inapplicables et absurdes. Comme je l'ai démontré dans mon *Crime politique*, une réforme ne peut être introduite dans un pays que très lentement quand on ne veut pas susciter une réaction qui détruirait tout le progrès antérieur. La haine du *nouveau* (misonéisme) est tellement enracinée chez l'homme, que tout effort violent contre l'ordre établi, contre le vieil état de choses, constitue *un délit* parce qu'il blesse les opinions de la majorité ; et, s'il constitue une nécessité pour la minorité opprimée, il n'en est pas moins un fait antisocial et par conséquent un *délit*, délit souvent inutile, puisqu'il réveille une réaction dans le sens *misonéique*.

Depuis le sauvage dont le faible cerveau se

fatigue chaque fois qu'il doit s'assimiler une connaissance nouvelle, jusqu'à l'enfant qui s'irrite et pleure s'il ne revoit pas l'image qu'on lui a déjà montrée, si on ne lui raconte pas plusieurs fois la même histoire avec les mêmes mots : depuis la femme, plus attachée que l'homme aux anciennes habitudes, jusqu'à l'académicien moderne qui, malgré toute son érudition, se montre incrédule devant chaque découverte nouvelle; chez la plupart en un mot, le misonéisme règne en maître, dans les coutumes comme dans la religion, dans la morale comme dans la science et la politique.

C'est cet état d'esprit général que nous retrouvons dans l'opposition et dans les obstacles que rencontrent sur leur route tous les innovateurs. La masse et même la grande majorité des personnes instruites haïssent l'innovation : les Académies, ces citadelles caduques, dernier refuge des idées et des goûts surannés, ferment leur porte aux vrais savants.

Les génies eux-mêmes défendent *misonéiquement* les idées pour lesquelles ils ont combattu et n'admettent pas qu'elles puissent être modifiées comme eux-mêmes ont modifié les anciennes. — C'est à ce propos que Spencer dit

justement que tout progrès accompli est un
obstacle pour le progrès à venir.

Aussi peut-on affirmer avec certitude que la
majorité des hommes est fatalement misonéique :
elle accueille avec méfiance toute innovation et
a une instinctive répugnance pour tout ce qui
la dérange d'une façon trop brusque.

C'est peut-être, dit Sighele, la grande voix
inconsciente de l'instinct héréditaire de l'espèce
qui se révolte contre l'individu qui veut imposer une innovation.

Si le progrès organique et humain ne se fait
que lentement, si l'homme et la Société sont par
instinct conservateurs, il est logique d'en déduire
que tout effort pour le progrès qui se traduit au
dehors par la violence, éveille la répugnance
autour de lui. Et sur lui s'étayent les bases et les
raisons du délit politique qui ne serait pas apparu
dans d'autres circonstances.

Si au contraire une réforme, même appuyée
par des moyens pacifiques, est acceptée par
la majorité, c'est un signe qu'elle devait se manifester au moment précis où elle s'est manifestée ;
c'est un signe qu'elle ne heurte pas le misonéisme,
qu'elle ne va pas à l'encontre de la loi d'inertie,
loi toute physiologique et non pathologique ;

c'est un signe en un mot que la révolution ne constitue plus un simple délit politique (1).

En effet, pour qu'un acte soit antisocial et constitue par conséquent un délit politique, la condition première est qu'il soit l'œuvre d'une minorité. Si la majorité l'approuve, cet acte redevient un acte normal.

Mais là où le délit politique se confond avec le délit de droit commun, c'est lorsque l'innovation, du champ théorique ouvert librement à tous, prétend descendre à la pratique, voulant atteindre le but par tous les moyens, même par le vol et l'assassinat ; c'est lorsque, faisant quelques victimes la plupart du temps innocentes, les innovateurs pensent entraîner l'adhésion qu'ils n'ont pu arracher par la brochure et la propagande, et suscitent au contraire chez tous une réaction violente. Là le délit se joint à l'absurde et aboutit précisément au résultat inverse de celui qu'il s'était proposé, suscitant l'impopularité en bas, le dégoût en haut, semblable à ces coups d'aviron trop audacieux qui, au lieu de rapprocher l'esquif du rivage, l'en éloignent à tout jamais.

Je sais bien que les anarchistes objectent : « Mais, si le mal social existe, n'est-il pas de

______

(1) Voir mon *Crime politique*, t. I.

« notre devoir d'y porter remède et d'agir pour
« ceux qui souffrent même lorsqu'ils s'y refu-
« sent? »

Il m'est facile de répondre qu'un tel mode
d'agir cesse d'être un devoir et devient au
contraire une faute lorsqu'il n'est pas accepté
du public. Il ne profite à personne et se retourne
à la fois contre le malade et contre le médecin :
le public, borné si vous le voulez, veut être
traité comme ces femmes du peuple qui, battues
par leur mari, s'en prennent à ceux qui, sans
être appelés par elles, veulent venir à leur aide :
« Et s'il nous plaît d'être battues, disent-elles,
de quoi vous mêlez-vous ? » Et, en effet, qui
paye les pots cassés, si ce n'est ces intermédiaires à l'âme trop sensible et qui dans
l'histoire s'appellent Marcel, Cola da Rienzi,
Pombal, contre les doctrines et la vie desquels
s'élevèrent violemment les masses qu'ils voulaient délivrer (*le Crime politique et les Révolutions*, II° partie), confirmant ainsi à leur pré-
judice le *dura lex sed lex* de l'histoire ?

Révolution et Rébellion.

Et ici apparaît clairement la distinction entre
les révolutions proprement dites, qui sont le

résultat d'une évolution toute préparée, nécessaire, tout au plus précipitée par quelque accident historique, et les simples révoltes ou séditions, fruit d'une incubation artificielle trop rapide d'embryons morts-nés.

La révolution est l'expression historique de l'évolution calme, mais étendue et sûre : son mouvement, avant de s'étendre et de se généraliser, est d'abord lent, graduel, garantie nécessaire pour le succès ; il est presque toujours dirigé par des hommes de génie ou par des personnalités plus équilibrées que des criminels-nés (voir *le Crime politique*, Iʳᵉ et IIIᵉ parties); il se produit de préférence chez des peuples plus civilisés (races germanique, anglo-saxone, etc.).

La révolution ressemble, dans la vie des peuples, à certaines crises que traverse la vie des individus. L'enfant, pour devenir homme, doit passer par la crise de la puberté ; un peuple, pour s'élever d'un degré dans la longue étape du progrès humain, doit passer par une révolution. La révolution n'est donc pas une maladie; c'est une phase nécessaire au développement de l'espèce.

Les séditions sont au contraire l'œuvre du petit nombre; elles répondent à des causes peu

importantes et souvent locales et individuelles.
Elles sont surtout fréquentes chez les peuples
peu civilisés, comme à Saint-Domingue, dans les
républiques du moyen âge et dans celles de
l'Amérique du Sud ; y participent pour la plupart des criminels ou des fous qui, poussés par
leur état morbide, pensent et sentent différem-
ment des honnêtes et des normaux : impulsifs
par nature, ils ne ressentent pas la répugnance que ressentiraient d'autres hommes en
mettant à exécution, afin d'arriver à leur but,
des actes comme le régicide, les incendies, les
meurtres, actes au fond toujours inutiles, toujours criminels, toujours en opposition avec les
idées et le sens moral dominants.

CHAPITRE II

D'après ce qui précède, on comprend comment les fauteurs les plus actifs de cette idée anarchiste soient (sauf quelques exceptions, comme Ibsen, Reclus, Merlin, Malatesta et Kropotkine) pour la plus grande partie criminels ou fous, quelquefois l'un et l'autre.

On en a une preuve très nette dans le tableau de physionomies pris dans mon *Crime politique*, où l'on voit des régicides comme Fieschi, Kammerer, Reinsdorf, Hœdel, Stellmacher et des fényans comme Brady et Fitzharris avec le type du criminel complet ; c'est aussi le type des farouches fous criminels de 89 en France comme Marat, Jourdan, Carrier, tandis que les vrais révolutionnaires comme Ch. Corday, Mirabeau, Cavour, et le plus grand nombre des nihilistes : Ossinski, Michaïloff, M^{mo} Sassulich, Solowief Ubanœba, présentent un type parfaitement normal, supérieur même au normal comme esthétique (1).

Un juge, le distingué avocat Spingardi, qui m'a fourni une grande quantité de matériaux pour cette étude, me disait : « Pour mon compte, je n'ai jamais vu un anarchiste qui ne fût signalé comme boiteux, bossu, ou à face asymétrique. »

Chez les communards de Paris, j'ai trouvé le type criminel douze fois sur cent (et il suffit d'observer Allix, Cavalier, la Dard, la Gargotte, L. Michel). Sur 41 anarchistes de Paris, j'ai trouvé le 31 0/0 ; sur 43 anarchistes de Chigago, le 40 0/0 ; sur 100 Turinois le 34 0/0 ; tandis que sur 320 de nos révolutionnaires, le type s'est trouvé réduit à 0,75 0/0, moindre que chez les normaux (2 0/0), et chez les nihilistes russes il donne 6, 7 0/0.

Argot.— Ce qui démontre qu'ils sont souvent criminels, c'est l'usage de l'argot et de l'argot spécial aux criminels.

Il suffit de lire la collection de leurs chansons et leur journal préféré le *Père Peinard* pour

____

(1) Lombroso et Laschi, *le Crime politique et les Révolutions,* 1890.

voir qu'ils se servent de l'argot comme les criminels.

Ils s'appellent entre eux *copains, compagnons,* et les camarades propagandistes s'appellent *trimardeurs,* de *trimard* (en argot grand
chemin).

Ils se servent de l'argot même pour les avis
d'abonnement et pour les souscriptions : *Reçu
galette, — reçu 4 balles pour la propagande .*
(V. *Père Peinard.*)

Tatouage. — On constate aussi chez eux ce
signe si fréquent chez le criminel-né, le tatouage. Dans le mouvement anarchiste de
Londres de 1888, un témoin oculaire a noté
chez les manifestants un grand nombre de
tatoués. « Ils ont, écrivait-il, des cœurs, des
têtes de mort, des os croisés sur le dos de la
main, des ancres et des broderies. » J'ai vu
une couronne de laurier dessinée sur le front
d'un jeune homme, et sur la tête d'un autre
I love you (je vous aime).

Sens moral. — Leur criminalité ressort
encore du manque général de sens moral. Le
vol, l'assassinat et tous les actes qui paraissent horribles à tout le monde leur semblent au contraire très naturels.

J'ai entendu dire par un anarchiste auquel on objectait qu'en Italie les campagnards auraient toujours résisté aux théories anticonservatrices : « *Oh ! ceux-là, nous ne nous en soucions guère, une bonne mitraillade les mettra au pas.* » Et, quand on y réfléchit bien, cet usage des bombes dans les théâtres, dans les restaurants, contre des citoyens inoffensifs dont la seule faute est d'être des *bourgeois* prêts à payer leur *écot* et non à le frauder, cet usage, qu'est-il, si ce n'est une mitraillade dirigée contre les dissidents, et qui se trouve frapper des gens presque tous honnêtes ?

Chansons lyriques. — Une autre preuve se trouve dans l'abus qu'ils font de ces cyniques chansons lyriques en argot, qui sont communes aux véritables criminels-nés. On en a tout un Parnasse. Que l'on consulte les *Coulisses de l'anarchie*, par Flor O'Squard, 1882 ; *les Ramages du beffroi révolutionnaire*, 1890 ; Paul Paillette, *Tablettes d'un lézard*, 1893 ; Louise Quitrine, *Rondes pour récréations enfantines.*

En voici de peu classiques exemples :

> Nos pères jadis ont dansé
> Au son du canon du passé !

Maintenant la danse tragique,
Veut une plus forte musique
Dynamitons, dynamitons !

Refrain

Dame dynamite, que l'on danse vite!
Dansons et chantons;
Dame dynamite, que l'on danse vite !
Dansons et chantons et dynamitons,

Dans *la Boulangère*, à propos d'une boulangère qui, ayant refusé du pain à un mendiant, est jetée dans son propre four par les aimables fillettes anarchistes :

Pour rire, les fillettes
Et tin, tin, tin, sonnons le tocsin ;
Pour rire les filettes
Chauffent le four à point.
Si bien que la mégère
Et tin, tin, tin, sonnons le tocsin
Si bien que la mégère
Fut cuite sans levain tin tin
Fut cuite sans levain.
C'est pour apprendre aux riches
Et tin, tin, tin, sonnons le tocsin
C'est pour apprendre aux riches
A nous faire crever d'faim tin tin
A nous faire crever d'faim tin tin.

Finissons par la chanson du père la Purge,

imprimée par la jeunesse anarchiste du XVe arrondissement, chez Duval.

Je suis le vieux père La Purge
Pharmacien de l'Humanité ;
Contre sa bile je m'insurge
Avec ma fille Egalité.

Pendant que le peuple s'étiole,
Sur le pavé, sans boulotter,
Bourgeoisie, assez de ta fiole !
Avec ma purge il faut compter.

J'ai des poignards, des faulx, des piques,
Des revolvers et des flingots,
Pour attaquer les flancs iniques
Des Gallifets et des sergots.

J'ai du pétrole et de l'essence
Pour badigeonner les châteaux,
Des torches, pour la circonstance,
A porter au lieu de flambeaux :

J'ai du picrate de potasse,
Du nitre, du chlore à foison
Pour enlever toute la crasse
Du palais et de la prison.

J'ai des pavés, j'ai de la poudre,
De la dynamite. Oh ! crénom !
Qui rivalise avec la foudre
Pour vous enlever le ballon !

Le gaz est aussi de la fête
Si vous résistez mes agneaux,
Au beau milieu de la tempête
Je fais éclater ses boyaux,

Ma boutique est toute la France !
Mes succursales sont partout
Où la faim pousse à la vengeance.
Prends ta bouteille et verse tout.

Refrain

J'ai ce qu'il faut dans ma boutique,
J'ai le tonnerre et les éclairs,
Pour *watriner* toute la clique
Des affameurs de l'univers.

Criminels. — Leurs héros sont presque tous des criminels-nés. Ortiz était à la tête d'une bande récemment condamnée qui dévalisait les maisons et commettait des agressions.

A Milan on trouve tous les rebuts des partis, tous les déclassés, tous les repris de justice de la ville dans la secte des anarchistes *amorphistes*. On y prêche la légitimité du vol, qu'ils mettent en pratique sous l'œil bienveillant de leurs chefs, qui n'ont jamais su ou voulu s'y opposer. C'est des rangs de ce groupe qu'est sortie la fameuse bande Poletto ; et ils subirent trois procès pour fabrication et usage de fausse monnaie. Ce sont eux les organisateurs des vols à la tire qui depuis longtemps déjà se commettent dans les tramways : il paraît même que ce délit leur est particulier.

Qui ne connaît les propos de Commonval et de Grave, deux de leurs apôtres ? « Le vol, dit le premier, n'est autre que la reprise par la violence, au riche, de ce que le riche a pris par la violence au pauvre. » Et le second : « ... L'appropriation ouverte à tous des biens d'autrui, faite au nom des théories anarchistes, est une protestation contre l'ordre social existant ; elle n'est pas seulement permise... elle est louable. »

« L'appropriation violente doit être pour les anarchistes comme le sage précurseur de cette saine et définitive *Jacquerie*, que l'anarchie doit tôt ou tard préparer (1). »

Déjà dans le livre d'Herzen, *De l'autre rivage :* « Tout détruire, tout venger, tout disperser, même ce qui élève l'âme, même la science et l'art », forme dans ce livre la maxime prédominante.

Bakounine recommande à la jeunesse la sainte et salutaire ignorance : son idéal était le cosaque Stenka Razine, qui au temps de Pierre le Grand fut le terrible chef de l'insurrection.

Ravachol. — Ravachol et Pini par exemple, présentent le type le plus complet du criminel-

1) J. Grave, *la Société mourante et l'Anarchie*, 1890.

né, et cela non seulement par la physionomie, mais encore par le penchant naturel au crime, par le plaisir dans le mal, par le manque complet de sens moral, par la haine de la famille dont il fait ostentation, par l'indifférence pour la vie d'autrui.

Fig. 1. — Ravachol.

Ce qui frappe à première vue dans la physionomie de Ravachol, c'est la brutalité ; la face, qui présente une asymétrie très nette, se distingue par une énorme *sténocrotaphie* et par l'exagération des sourcils, par le nez très dévié à droite, les oreilles en anse, placées à des hau-

teurs différentes, enfin par la mâchoire infé-
rieure énorme, carrée et prédominante, qui
complète dans cette tête les caractères typi-
ques de mon criminel-né.

Il faut y ajouter un défaut de prononciation
que beaucoup d'aliénistes considèrent comme
un signe fréquent de dégénérescence (blésité).

Quant à sa psychologie, elle répond en tous
points aux lésions anatomiques.

Resté à l'école élémentaire jusqu'à l'âge de
quinze ans, il en sort presque «. analfabet »
(illettré), et se montre d'une incapacité totale
dans les différents métiers qu'il entreprend.

Alors il devient paresseux, il vole et fabrique
de la fausse monnaie, il déterre un cadavre
pour le dépouiller de ses joyaux, il tue un vieil
ermite de quatre-vingt-dix ans pour s'emparer
de son argent. Et vers cette époque, dit-on (mais
ce n'a pas été prouvé devant les assises), il
cherche à tuer sa mère et à violer sa sœur.

L'hérédité morbide ne lui fait point défaut :
son grand-père Konigstein et son bisaïeul sont
morts sur l'échafaud, coupables d'incendies et
de brigandage.

Pini. — Un autre exemple récent de criminel-
né anarchiste nous est fourni par Pini.

Fig. 2. — Pini.

Pini, âgé de trente-sept ans, un des chefs des anarchistes de Paris, est frère d'une aliénée ; il a peu de barbe, front fuyant, des sourcils énormes, des mâchoires très grosses, et des oreilles très longues.

Non seulement il se vantait d'être anarchiste, mais il déclarait avoir commis pour plus de 300,000 fr. de vols pour venger les opprimés contre les riches, contre la bourgeoisie. Il appelait ces vols *une expropriation légitime faite par les opprimés*. Il avait un certain nombre de véritables admirateurs. De complicité avec Parmigiani, il tenta un assassinat politique sur l'anarchiste Ceretti, qu'il soupçonnait comme délateur de ses vols, vols dont les anarchistes vraiment honnêtes avaient horreur. Il commit un attentat sur Pampolini, — une de nos plus loyales et plus honnêtes figures politiques, et qui même avait été plusieurs fois son bienfaiteur, — à la suite d'une simple polémique théorique sur l'anarchie.

Criminalité et politique. — Du reste l'histoire nous offre de nombreux exemples où la criminalité et la politique se tendent la main, et où on voit tour à tour la passion politique agir sur l'instinct criminel et vice-versa.

Tandis que Pompée a pour lui tous les gens honnêtes : Caton, Brutus, Cicéron ; César, plus populaire que lui, n'a à sa suite que des pervers : Antoine, obscène et ivrogne ; Curion, un failli ; Clélius, un fou ; Dolabella, qui fait mourir sa femme de chagrin, qui veut abolir toutes les dettes, et avant eux Catilina et Claudius.

En Grèce, les Klephtes, qui exercent le brigandage en temps de paix, ont soutenu vaillamment l'indépendance de leur pays. Chez nous, pendant qu'en 1860 le pape et les Bourbons se servaient du brigandage contre le parti et les troupes nationales, la *Maffia* de Sicile se soulevait avec Garibaldi, et la *Camorra* de Naples coopérait avec les libéraux. Et cette honteuse alliance avec la Camorra napolitaine n'est pas encore éteinte : les dernières luttes parlementaires relatives aux actes du gouvernement de cette ville nous en ont fait entendre un triste écho qui, hélas ! prouve qu'elle dure encore sans espoir de changement pour l'avenir.

C'est surtout dans les jours d'éclosion des révolutions que ces sortes de gens abondent. C'est alors en effet que les énergies anormales et morbides prennent empire sur les hésitants et les faibles, les entraînent aux excès par une véritable épidémie d'imitation.

Chenu, parlant des époques révolutionnaires qui ont précédé 1848, nous montre comment les passions politiques dégénérèrent peu à peu en tendances ouvertes au crime, chez certains individus précurseurs de nos anarchistes actuels. Entraînés par quelques chefs, entre autres Coffineau, ils poussèrent les doctrines criminelles jusqu'à prêcher le vol comme principe politique ; ils mettaient à sac les commerçants, qui, d'après eux, volaient les acheteurs, voulant, disaient-ils, rentrer dans leurs biens et pensant par ces moyens produire une poussée chez les mécontents et les entraîner à les suivre *afin que dans la suite ils leur vinssent en aide pour la prochaine révolution.* Ils émirent en outre des faux billets de banque, de sorte que non seulement ils furent repoussés par les vrais républicains, mais, en 1847, ils furent découverts et condamnés en assises à des peines infamantes.

Les *Ciompi* eux-mêmes ont été incendiaires et commirent un grand nombre de crimes. Entre autres, ils poignardèrent Sér-Nuto et traînèrent son corps en lambeaux par les rues. (Perrens).

En Angleterre, pendant les conspirations contre le gouvernement de Cromwell, les brigands et les voleurs pullulaient autour de la ville. Ils se réunissaient par bandes, cachant sous le masque de la passion politique leurs tendances criminelles. Ils demandaient à ceux qu'ils arrêtaient s'ils avaient ou non prêté serment de fidélité à la république, et selon leur réponse ils les maltraitaient ou les relâchaient. On dut, pour les réprimer, avoir recours aux troupes régulières, qui n'eurent pas toujours le dessus.

Les prodromes de la Révolution française ont aussi été signalés par des apparitions successives de bandes de vagabonds, de voleurs et d'assassins. Mercier en compte plus de 10,000 qui, s'étant peu à peu rassemblés, finirent par pénétrer dans la capitale. Au commencement de la Terreur, ces bandes sont les premières à exciter aux exécutions en masse ; on les retrouve aux fusillades de Toulon et aux noyades de Nantes, pendant que l'armée et les comités ré_volutionnaires étaient, comme les définissait Messner, « de véritables associations organisées pour commettre impunément toutes sortes d'assassinats, de rapines et de brigandages ».

En 1790, il entra à la *Conciergerie* 490 coupables et 1,198 en 1791 : c'est à cette époque que fut inventé le vol à *l'américaine*, Les voleurs crient : *au noble !* s'ils sont arrêtés, ricanent devant le juge s'ils sont condamnés ; les condamnées se masturbent pendant qu'on lit leur jugement. (Taine.)

Il en fut de même pendant la Commune de Paris.

Chez cette population parisienne, trahie dans ses aspirations patriotiques et humanitaires, énervée par des combats malheureux, par la faim, par l'alcool, ce furent en grande partie les déclassés, les criminels, les alcooliques, qui donnèrent le signal de l'insurrection. Grâce à leur nature anormale, ils purent s'imposer à la masse : témoins les assassinats commis sur des gens sans défense et les supplices qu'on inventa pour eux, comme celui de les obliger à sauter un mur et, pendant qu'ils sautaient, de tirer sur eux à coups redoublés : un des otages reçut 69 coups de fusils, et le père Bengy fut criblé par 62 coups de baïonnette.

Ces manifestations criminelles n'ont pas été arrêtées par les répressions sanguinaires des tribunaux de guerre : à Paris même elles se renouvelèrent dans les émeutes anarchistes de 1883 ; sur 33 individus arrêtés, 13 avaient déjà été condamnés pour vol. Il n'y a pas longtemps, elles se reproduisirent sur une vaste échelle en Belgique avec les pillages et les dévastations commises par les ouvriers des verreries ; sur 67 arrestations, 22 individus avaient subi 10, 12 et jusqu'à 14 condamnations pour vols et actes de violence.

Malheureusement nous n'avons pas besoin de chiffres pour prouver ce qui précède. De partout nous voyons parmi nous les hommes les plus avancés saisir et adopter très vite les nouvelles idées (même celles de la nouvelle école pénale) mais se comporter dans la vie publique bien moins correctement que les cléricaux, à idées étroites il est vrai, mais à l'âme intègre (si bien que j'ai prédit leur arrivée prochaine au pouvoir, qui précédera de longtemps celle des socialistes).

Dans toutes les villes d'Italie abondent ces pseudo-tribuns qui allient à la facilité d'élocution, la vulgarité de l'esprit et une conscience aussi vulgaire que peu scrupuleuse, disposant et abusant sans pudeur de la foi du public ; si bien qu'actuellement chez nous le mot « politicien » devient synonyme de « canaille » ou tout au moins « d'intrigant ».

CHAPITRE III

ÉPILEPSIE ET HYSTÉRIE

La coexistence fréquente de la criminalité congénitale et de l'épilepsie (1) nous explique la fréquence chez les criminels politiques de ces cas que j'appellerai *épilepsie* et *hystérie politique*.

En effet, la vanité, la religiosité, les hallucinations intenses et fréquentes, la génialité intermittente en même temps que le caractère impulsif des épileptiques et des hystériques en font des novateurs religieux et politiques.

« Il est hors de doute, sauf pour les croyants, dit Maudsley, que Mahomet ait dû à une attaque d'épilepsie sa première vision ou révélation et que, trompé ou trompeur, il se soit servi de cette maladie pour se faire croire inspiré du ciel. »

(1) Voir *Homme criminel*, vol. II, Ire partie, et *Crime politique* de Lombroso et Laschi, IIIe partie

Dans *l'Homme de Génie*, j'ai décrit un épileptique fripon, uxoricide, violateur et vindicatif, poète non sans capacité, qui prêchait une religion nouvelle dont le premier rite était le viol, et qui entre deux crises d'épilepsie avait essayé de le mettre en pratique en pleine place publique.

Un autre, épileptique et voleur, voulait organiser une expédition en Nouvelle-Guinée à la recherche d'une île, et avec les revenus venir en aide à Coccapieller ; à quarante-sept ans il voulut se faire nommer député pour changer toutes les lois et introduire le Suffrage universel.

Dans *Germinal*, de Zola, Lanthier descend d'une famille d'alcooliques et de dégénérés, d'où sa facilité à s'enivrer au troisième verre, et ce désir de tuer qu'il dissipait ensuite en parlant des vengeances sociales. Ce n'est que lorsqu'il était ivre qu'il avait *la rage de manger un homme.*

Zola, sans le savoir, nous a exposé là un cas d'épilepsie politique.

Mais la preuve la plus convaincante, je l'ai retrouvée chez un jeune homme arrêté pour oisiveté et vagabondage, au front fuyant, et dont le sens du toucher était très émoussé.

A ma demande s'il s'intéressait à la politique, il me répondit tout confus : « Ne m'en parlez pas, Messieurs, c'est là mon malheur ; lorsque je suis à mon travail de vernisseur, si les réformes sociales me viennent à l'esprit et que j'en parle aux camarades, peu à peu je n'y vois plus, et je tombe à terre, » et il nous exposa un système de réformes tout à fait préadamique : « L'argent des écoles, le vêtement, une fois abolis, chacun troquerait son propre travail avec le travail des autres, » etc.

Il usait sa vie dans ces élucubrations. En somme, il était atteint d'une véritable épilepsie politique ; il ne lui manquait ni la conviction ni la volonté ; seul le génie lui faisait défaut.

Avec du génie, un peuple et une époque propice, il serait devenu un réformateur à la criminalité et à l'épilepsie duquel personne n'aurait songé (1).

Rappelons aussi à ce propos l'ouvrier Felico,

(1) Voir la *Seconda centuria di criminali*, 1895. — F. A , trente-sept ans, Piémontais, père aliéné, mère morte phtisique, frère lypémaniaque, vernisseur, taille 1^m,72, poids 71 kilos ; deux cicatrices à l'occiput, suite de traumatisme ; blessure au cou, suite de tentative de suicide ; crâne brachicéphale, ind. 88, cap. crân. 1,602, front fuyant, strabisme, oreille en anse, gaucher, obtusion sensorielle. A l'appareil de Dubois-Reymond la douleur est de 55 à D, 60 à G. A l'esthésiomètre, de 3,1 à

ouvrier typographe, un des plus exaltés du petit groupe des quinze anarchistes de Naples, qui avait déjà commis douze tentatives d'assassinat, grèves, etc., et qui est épileptique.

Il est probable que M., étudié par Zuccarelli, et Caserio entrent dans cette catégorie ; le père de Caserio était épileptique. Et, à ce propos, comme ceux qui ignorent nos études

d, 2,2 à *g*. Réflexes rotuliens exagérés, Au dynanomètre, 30 à *g*, 34 à *d* ; léger abaissement de l'épaule droite, bradiphasie ; sentiments affectifs normaux ; aime assez la femme ; peu religieux ; incapable de lire les journaux parce que la lecture lui donne du vertige et de la céphalée ; est sujet aux vertiges, qui parfois le font tomber par terre. S'est adonné à la masturbation à treize ans ; il entra pour la première fois dans une maison de tolérance à l'âge de seize ans.

Il fut condamné une première fois pour ivrognerie, une autre pour vol à son patron de 2 francs qu'il dépensa à boire ; ce fait ne lui semble pas être un délit, parce que sa paye était minime.

Interrogé sur le caractère de ses réformes, il dit : « Personne ne doit avoir de l'argent, tout le monde doit travailler, mais peu, et vivre en échangeant les produits. Pas d'habillement, sauf un mouchoir pour couvrir les organes sexuels ; aucune loi, comme abri une cabane ; il veut la liberté absolue dans le mariage ou mieux le concubinage avec n'importe quelle femme ; abolition absolue, complète, des écoles, puis abolition des prêtres, et à l'occasion se servir de fusils pour les exterminer. Il épargnerait ceux qui voudraient travailler ; puis, se contredisant, il veut qu'il en reste un par paroisse ; il prendrait aux riches tout leur argent et les forcerait à travailler et à s'entretenir avec leur propre travail. C'était, disait-il « pour terminer, le monde des temps passés, ainsi que je l'ai entendu décrire ». (*Archivio di psichiatria*, 1889.)

spéciales (V. *Delitto politico*, III° partie; *l'Homme criminel*, vol. I et II) ont sur cet argument mis en doute (V. *Italie*, juillet 1894) mon hypothèse de l'influence de l'épilepsie politique chez ces criminels, il n'est pas inutile de démontrer comment cette hypothèse se confirme par la confession d'un de leurs chefs, l'avocat Gori, qui écrit : « Il y a parmi les anarchistes un groupe qui s'appelle les *bisognisti* : ils professent cette théorie, qu'étant donnée une impulsion, il *faut* la satisfaire : quelqu'un par exemple ressent le *besoin* de voler quelque chose, de tuer un homme ; ils vous prouvent que la chose est permise et qu'il *faut* le faire. » Caserio était de ce groupe.

Tout récemment, Santiago Salvador a confessé que dans son jeune âge il était très religieux, qu'il était même carliste autant toutefois qu'il croyait, au moyen du carlisme, pouvoir obtenir l'égalité.

Comme on lui demandait s'il n'avait pas compris l'inutilité de son œuvre, il répondit par une phrase qui pour moi est caractéristique de l'épilepsie politique : « Même aurais-je compris que j'avais tort, dit-il, je n'aurais pu m'empêcher d'agir ainsi : j'y étais poussé par instinct. Je suis anarchiste non seulement par conviction, ajouta-il, mais par instinct. — Mais, si vous croyez vos théories irréalisables, pourquoi donc commettez-vous vos attentats ? — Je sais que c'est un crime de tuer, et pourtant, lorsque j'ai commis celui du théâtre du Liceo, je l'ai fait par nécessité, *poussé par une force qui me dominait, par un désir que je n'ai pu réprimer*.

Monges. — Monges Ignace, trente-huit ans, a lancé une pierre qu'il avait soustraite, paraît-il, dans un musée, contre le général Rocha, président de la République Argentine, et l'a blessé grièvement à la tête. Taille moyenne (1 ^{m},67), vigoureux, tempérament névropathique, p eau brune, cheveux abondants noirs et légèrement crépus ; longue barbe noire, iris noir moins foncé ; front haut, fuyant, asymétrique ; crâne moyennement développé, brachicéphale, légèrement oblique avec plagiocéphalie gauche antérieure ; face large, basse (cameprosopée) ; arcades zygomatiques proéminentes, bouche grande, lèvre grosse et renversée en dehors ; cicatrices anciennes sur la figure, dont deux dues à des chutes pendant des crises épileptiques.

Le sommeil est de courte durée et altéré par

des cauchemars (agripnie), pouls ample et fréquent, système musculaire bien développé, léger tremblement émotif. Au dynamomètre de Mathieu, sa force est de 70 kilos à droite, 150 à gauche : donc gaucher et force assez notable. Peu de sensibilité de la peau ; pas d'hallucinatons, pas d'illusions.

Quant à sa vie, il raconte lui-même qu'il est né dans la province de Corrientes et qu'il est fils naturel. Il ne connaît que son père et un de ses frères qui a dix-huit ans ; ils se sont toujours bien portés. A quinze ans, il entre au collège, où il reçoit une instruction élémentaire ; il prend ensuite part à tous les mouvements révolutionnaires de son pays, luttant avec passion pour son parti, jusqu'en 1894, époque où il est vaincu et dispersé. S'étant établi à Uraguaiana, il se voit interdire son commerce par les autorités brésiliennes ; à cette occasion résiste à main armée, blesse plusieurs militaires et reçoit même une blessure au front ; de là il va se présenter ensuite au Ministre des affaires étrangères pour demander réparation. A partir de ce moment il se tient éloigné des affaires, à cause de ses fréquentes crises d'épilepsie, qui l'incommodent depuis l'âge de vingt ans, à la suite d'une chute avec blessure à la tête.

Interrogé sur le mobile de son crime, il répond qu'il s'était rendu là sans idée préméditée, et seulement pour assister à l'ouverture de la Chambre. La vue des soldats alignés l'émut et le poussa à pénétrer dans la Chambre. Lorsqu'il vit le général Rocha s'y rendre, il conçut l'idée de le tuer. Comme on lui demande si l'impulsion lui est venue avant ou après avoir vu la victime, il s'emporte, devient violent et irascible. Il est d'humeur mélancolique et hypochondriaque. Quelques mois avant, en prison, il assénait un coup de poing à un co-détenu, et l'étendit par terre. Quelques heures après, il eut une crise convulsive. Sa fureur se manifeste ordinairement sous forme de manie impulsive.

Vaillant. — Parmi les hystériques, nous rapporterons le cas qui tout récemment nous a le plus frappé : celui de Vaillant.

Vaillant, à l'opposé de Pini et de Ravachol, n'avait, tout comme Henry, rien du criminel dans la physionomie, sauf peut-être les oreilles un peu trop grandes et en anse. Il était cependant manifestement hystérique : cela ressort de sa sensibilité hypnotique, de sa facilité à tomber en catalepsie à la fixation du regard. La haine naturelle des partis et les tendances des Procureurs à toujours forcer les nuances le dépeignaient comme un vulgaire malfaiteur. Il me semble que c'était plutôt un déséquilibré, un passionné, qui a eu quelque légère velléité criminelle dans son enfance et dans sa jeunesse (escroc), mais qui était un véritable fanatique passionné, plutôt qu'un criminel-né. Comme tare héréditaire, je ne lui connais que ses origines : né d'un amour semi-coupable et de parents dégénérés et méchants. Comme cause occasionnelle, il fut continuellement aux prises avec les difficultés et les vicissitudes de la vie. Jeune, il fut élevé à grand'peine, et fut obligé de se faire cordonnier ; il est successivement marchand de peaux, courtier d'épicerie, maître de français. En somme, il fut surtout pauvre. Poussé aux excès par la misère et par la disproportion entre son état et ses aspirations, il en arrive à préférer la mort. Il le confesse d'ailleurs lui-même.

« Pourquoi avez-vous fait cela ?

« — La société m'a forcé à le faire. J'étais dans une situation misérable, j'avais faim. Je ne regrette qu'une chose, *ma gosse*. Mais, c'est égal, je suis content, et on fera bien de me guillotiner ; je recommencerais dans huit jours. »

Cette grande mobilité, cette instabilité qui est le propre des hystériques, on la retrouve dans ses convictions, dans ses changements continuels de métier.

Élevé par des prêtres, il fut d'abord fanatique religieux avant de devenir fanatique socialiste. Plus tard, ne pouvant frayer son chemin parmi les socialistes, il devient anarchiste. Mais c'est surtout par vanité qu'il y est poussé. Le graphologue qui étudierait sa signature constaterait chez lui comme notes dominantes la vanité, l'orgueil et l'énergie : le grand T, le grand paraphe, l'écriture montante en sont une preuve éloquente.

Ayant perdu l'espoir de réformer le monde avec une brochure qu'il a écrite, il croit pouvoir le révolutionner en jetant une bombe au Palais Bourbon. Avant de faire le coup, il court se faire photographier ; il en distribue partout les épreuves où il peut; aussitôt arrêté, il demande si les journaux publient son portrait (1).

Toutefois, il faut reconnaître qu'il fut tou-

(1) *Revues des Revue*, 15 février 1894.

jours un altruiste exagéré, comme on le verra
plus loin dans sa défense, dont nous reprodui-
rons un fragment.

Nous avons cru intéressant de résumer ici,
comme appendice au chapitre III, deux observations inédites communiquées par le Dr Marie.
Elles serviront de transition entre le chapitre
de l'épilepsie politique et le suivant, dont elles
participent:

Obs. I. — Le malade est originaire des envi-
rons de Barrèges (Pyrénées).

Il exerce, à Paris, le trafic des reconnaissances
du mont-de-piété dans un quartier populeux. Il
serait signalé à la Préfecture de police comme
devant être surveillé au point de vue des recels.

Marié (?) depuis quelques années à la femme
divorcée d'un de ses amis dont il avait été le
témoin.

Sa femme a déjà songé une fois à le quitter à
cause de ses obsessions impulsives dangereuses.

Il est père d'un enfant de cinq ans, assez bien
portant et bien conformé physiquement.

Le malade est un auditeur assidu des réunions
politiques les plus extrêmes, il fréquente avec
la plus scrupuleuse exactitude un club anarchiste

de son arrondissement et en revient toujours très excité, déclamant des tirades humanitaires que sa femme ne saisit pas, mais qui l'effrayent ; cependant un jour, pour la rassurer, il lui a dit : « Ne t'inquiète pas, du train dont vont les choses, je serai sûrement ministre avant qu'il soit longtemps. »

Elle a craint que les récits des journaux et les attentats des années dernières ne le poussent à des réactions coupables analogues.

Il lit beaucoup et écrit aussi des élucubrations auxquelles il attribue une grande portée.

Il lit également les crimes et se complaît aux détails disant à sa femme : « Tu vois, c'est ainsi, on a l'idée et l'envie d'assassiner quelqu'un de telle et telle façon, et il faut qu'on le fasse comme cela, c'est irrésistible, c'est une obsession. »

« Je te tuerai ainsi un jour, et je me détruirai ensuite. » Il a essayé déjà à plusieurs reprises de l'étrangler au moment de l'orgasme vénérien.

« Si je te tuais ainsi, comme j'en ai envie, il me semble que je jouirais bien plus. »

Il regarde parfois fixement son cou et lui avoue alors qu'elle a un joli petit cou qu'il voudrait serrer, serrer de sa main jusqu'à ce qu'elle étouffe, puis il se jette à ses genoux, lui demande pardon de ces idées auxquelles il revient cependant toujours. Très passionné au point de vue sexuel, son obsession uxoricide revient périodiquement tous les deux mois environ, plus marquée quand il s'excite dans ses rêveries politiques qu'il additionne d'excès alcooliques aux réunions.

J'ai prescrit à ce malade le séjour provisoire à la campagne, en son pays d'origine (Pyrénées), loin du milieu social, où on lui prêche l'anarchisme, loin aussi de sa femme, qu'il a une tendance à tuer.

Il est aussi à noter que ce malade se défend énergiquement de l'être, et, s'il venait à mettre quelque crime à exécution, ces lignes seraient les seules constatations sur lesquelles on pourrait s'appuyer pour plaider son état pathologique antérieur.

Obs. II. — Une autre malade que j'ai reçue en traitement a été trouvée morte étouffée dans son lit, la tête dans l'oreiller, les pouces serrés dans ses doigts crispés, l'écume aux lèvres ; elle avait eu, quelque temps avant, un seul vertige épileptique constaté.

Elle portait des cicatrices linguales cependant et avait le nez cassé, dévié à gauche ; âgée de cinquante-cinq ans quand elle est morte, elle avait été successivement à la prison de Nanterre, puis à Sainte-Anne, Vaucluse et à la colonie familiale.

Elle paraît avoir eu comme équivalent presque constant de ses attaques épileptiques (qui n'ont été signalés dans aucun établissement aux dossiers) des accès d'excitation accompagnés de danse, cris séditieux, chants patriotiques, toujours les mêmes.

Dans ces moments, elle insultait tous ceux qui l'entouraient, exceptionnellement elle frappait ; elle a cependant battu, en dehors de ces crises, un homme qui menait un chien attelé parce que, disait-elle, elle ne pouvait voir souffrir les animaux.

Cette malade était aussi kleptomane et très menteuse, dénonçant d'autres comme auteurs des menues infractions qu'elle avait elle-même commises.

Elle avait été cantinière des mobiles de la Côte-d'Or en 1870, aurait traversé les lignes ennemies non sans courage pour porter des dépêches, puis aurait été mêlée à Paris au mouvement communaliste.

C'était une débile, s'excitant à la moindre occasion ; c'est ainsi qu'entendant passer des conscrits, elle se précipita devant eux en sautant et hurlant la Carmagnole. Elle avait, avant d'être reconnue aliénée, été internée à la prison de Nanterre pour vagabondage. Antérieurement, elle portait le pain dans Paris, mais fut congédiée pour des oublis (vertiges) et des fugues (automatisme ambulatoire) inexplicables. A la colonie familiale, elle changeait constamment de nourriciers et dut être maintenue à l'infirmerie, où elle est morte.

Cette malade, physiquement et par sa tenue, rappelait le type de ces mégères que, sous la Terreur, on nommait les *tricoteuses*, escortant chaque jour les charrettes des guillottinés. — Les mêmes types reparurent en 1871 parmi les *pétroleuses*.

Je rappellerai en outre que Théroigne de Méricourt, la fée sanglante du couperet révolutionnaire, mourut démente à la Salpêtrière, après de longues années d'internement.

CHAPITRE III

ALIÉNÉS

Nombreux sont aussi ces révoltés chez lesquels la folie morale servit de ferment et d'inspiration : tels furent Cola de Rienzi, et Riel au Canada. (Pl. I et II.)

Le parti anarchiste actuel semble compter dans ses rangs lui aussi plusieurs de ces hommes anormaux.

Maxime du Camp et Laborde, dans l'histoire de la Commune, citent le cas de Gaillard, hydrocéphale, ancien cordonnier, directeur général des barricades, et qui s'exaltait au point d'en faire avec des chaussures, avec du pain, avec des pièces de *domino*, avec tout ce qui lui tombait sous la main. Il était de plus vaniteux au point de se faire photographier dans des poses héroïques au milieu des défenseurs d'une barricade qu'il avait construite spécialement à cet effet.

Il convient aussi de signaler ces fous politiques qui agissent spontanément, et isolément, en frappant les chefs d'un Gouvernement, et qui apparaissent le plus souvent comme un écho indigné des luttes des partis, des conditions politiques ou religieuses de l'époque.

C'est ainsi qu'en France, au moment où les luttes religieuses s'enveniment avec Henri III, Châtel attente à ses jours. C'est un aliéné qui, après avoir pleinement confessé son crime, affirme que sa conscience est troublée par des idées incestueuses pour sa sœur, par des impulsions homicides, et que le meurtre de l'ennemi de la religion devait diminuer ses peines.

Comme on lui demandait où il avait appris cette nouvelle théologie, il répondit que c'était dans la philosophie. On trouva sur lui trois billets sur lesquels était l'anagramme du roi, et neuf feuillets contenant la confession de ses péchés, disposés suivant l'ordre des commandements du Décalogues (1).

Certainement le fanatisme religieux a été une des causes apparentes qui ont armé la main de Ravaillac contre Henri IV, mais la véritable cause au fond a été le délire de persécution.

(1) Regis, *les Régicides*, 1894.

Chassé par les moines feuillants pour *faiblesse du cerveau*, emprisonné ensuite pour une fausse accusation, semble-t-il, il a des visions qui lui font croire qu'il est élu pour exécuter la volonté divine, et lui ordonnent de tuer le roi, dont l'armée, prétend-il, est destinée à combattre le pape.

Même les juges qui l'interrogèrent après son crime, rapporte Mathieu, pensèrent que ce malheureux *était un fou d'humeur mélancolique*, ce qui ne lui a pas épargné un horrible supplice, et, jusqu'au dernier moment il crut fermement que le peuple devait lui être reconnaissant de son attentat.

Il est à noter qu'au moment de son arrestation on a trouvé sur lui un nombre considérable d'écrits, entre autres une poésie faisant allusion à ceux qui sont conduits au supplice, écrite avec beaucoup de soin, et certainement destinée à être lue, car les mots qu'il croyait les plus propres à rendre l'état d'âme des condamnés à mort étaient écrits avec plus d'applications et avec des lettres différentes. Cela nous prouve sa tendance à la graphomanie, confirmée du reste par l'existence de ses nombreux autres écrits. C'est une copie semblable à celle qu'écrivait Guiteau (V. fig. 3) qui lui ressemble sur

Fig. 3. — Guiteau.

beaucoup de points. Il frappa le roi, dit-il, par

compassion pour la reine, comme Guiteau frappa Garfield par égard pour sa femme, avec la persuasion constante d'avoir été appelé à obéir à la volonté divine.

En Angleterre, le despotisme, les lourdes charges qui pèsent sur le public, n'ont pas été étrangers à l'attentat de Marguerite Nicholson contre Henri III, et de Hatfield, un autre fou, tira sur lui un coup de pistolet.

Mooney, un Irlandais qui en Angleterre fut impliqué dans les explosions de Londres, et qui au moment de son jugement exprima sa satisfaction d'être le premier Irlandais qui ait secoué les jouisseurs au moyen de la dynamite, fut déclaré atteint d'aliénation mentale par les avis concordants de deux médecins légistes de New-York.

CHAPITRE V

MATTOIDES

Les mattoïdes ne manquent pas non plus
parmi les anarchistes. Dans mon *Crime politique*
j'en ai déjà signalé la fréquence dans les révolutions et dans les émeutes. Ils sont très diffi-
ciles à examiner, parce que leurs caractères
sont presque tous négatifs : pas d'anomalies
notables de la physionomie ou du crâne, pas de
délire net. Les mattoïdes restent toujours con-
finés dans les villes, les grandes villes surtout ;
ils sont très rares chez les femmes ; ils ont un
sens moral ordinairement bien conservé, un
sens pratique même exagéré ; ils ont l'amour
de la société poussé jusqu'à l'altruisme.

L'intelligence n'offre pas d'anomalies importantes ; ils sont quelquefois même d'une finesse
et d'une habileté remarquables dans la vie pratique, aussi quelques-uns parviennent-ils à être
médecins, députés, militaires, professeurs,

conseillers d'État ; mais ils ont ceci de particulier, qu'ils présentent une activité morbide,
une *laboriosité* exagérée pour des matières
étrangères à leur profession, et disproportionnée avec leur intelligence souvent bornée ; laboriosité qui ressemble beaucoup à celle du génie,
mais sans en avoir la puissance et l'efficacité
dans les résultats : c'est ainsi qu'un cuisinier,
Passanante, se fait législateur ; un charretier,
Lazzaretti prophète et théologien ; deux employés de finances, à un âge avancé, se font
pseudo-philologues, criminalistes.

Ils changent souvent de métier et exercent
les professions les plus disparates. Guiteau fut
tour à tour journaliste, avocat, prédicateur,
impresario. Mangione fut successivement soldat, agriculteur, fabricant de briques, constructeur de ponts. De Tommasi se fit cafetier puis
journaliste, charron, charcutier, sériciculteur,
menuisier, valet de chambre.

Ce qui constitue leur caractère le plus saillant, c'est l'abondance surprenante de leurs
écrits. Le pasteur Bluet n'a pas laissé moins
de 180 volumes, tous plus insensés les uns que
les autres. Le boulanger Mangione, qui, estropié de la main ne pouvait écrire, se privait

de nourriture pour faire imprimer ses élucubrations et dépensait parfois plus de cent écus par
mois pour faire écrire. Passanante griffonnait des
rames entières de papier et tenait moins à la vie
qu'à la publication d'un de ses écrits, même le
plus insensé.

Ils ont tous une écriture spéciale à caractères
allongés ; ils soulignent leurs mots ; l'écriture
de Guiteau en est un classique exemple
(fig. 3).

Et ce qui caractérise surtout ces méthodes,
c'est qu'à l'esprit sérieux en apparence, à la
ténacité constante pour une idée, qui les font
ressembler aux monomanes et même aux hommes
de génie, ils joignent souvent dans leurs écrits
la recherche de l'absurde, une contradiction
continuelle, une futilité insensée et par-dessus
tout une excessive vanité personnelle.

L'empreinte de leur folie n'est pas seulement dans l'exagération de l'idée ; elle est aussi
dans cette disproportion constante qu'ils apportent dans leur mode d'agir. Après un concept
bien exprimé, sublime même, ils passent sans
transition à une pensée plus que médiocre,
grotesque, paradoxale, presque toujours en
contradiction avec les idées généralement

reçues et avec leur condition et leur culture
intellectuelle ; nouveaux Don Quichotte, qui
croient arracher l'admiration et ne provoquent
que le sourire. Toutefois ces actions chez
d'autres hommes ou à d'autres époques auraient
pu entraîner l'admiration ou faire des héros.
Mais chez la plupart d'entre eux le trait de
génie est plutôt l'exception que la règle, et il y
a plutôt défaut qu'exubérance d'imagination :
ils produisent des volumes entiers dénués de
sens ; à la médiocrité des idées, à l'impuissance
du style, ils suppléent par des points d'excla-
mation ou d'interrogation, par une quantité de
mots soulignés, de néologismes, d'expressions,
bizarres et étranges, absolument comme le
font les monomanes.

Cianchettini parle du *travaso,* Pa... de la
cafungaia, du *morzobœ : Woltuk,* de l'*anthro-
pomagnotologie;* souvent on rencontre chez eux
une typographie bizarre, par exemple des caractères blancs sur du noir avec des lignes ver-
ticales coupées par des lignes horizontales et
obliques ; quelquefois même ils emploient cinq
ou six types différents dans la même page.

Comme les monomaniaques, dont le délire
est d'ordinaire tranquille, le mattoïde est calme

dans ses conceptions délirantes. Mais précisément, comme chez les monomanes, ce calme
cesse parfois tout d'un coup, donnant lieu à
une forme impulsive et franchement délirante
qui apparaît surtout sous l'aiguillon de la passion irritée, de la faim, de la vanité excessive,
lésée, ou par névroses variées qui accompagnent
souvent la maladie.

Nous en avons un exemple dans Mangione, qui,
de pacifique et philanthrope qu'il était tout
d'abord, changea tout d'un coup, blessant
Giusso, contre lequel il avait déjà publié plusieurs manifestes ; Sbarbaro, de politique, phi-
losophe réformateur, devient un insulteur violent ; dans une séance de la Faculté, il jette les
encriers et les tapis à la tête de ses collègues,
et il injurie les ministres.

Coccapieller ne va pas aussi loin : mais, en
prison, il menace ses gardiens, et un jour il
demande à parler au Procureur du Roi pour lui
dire que, « s'il n'était pas roi, c'était bien parce
qu'il ne le voulait pas ».

Baffier essaya de tuer Germain Casse dans les
couloirs de la Chambre ; il voulait, disait-il, délivrer les Français et les ramener aux mœurs
antiques des anciens Gaulois.

Toutefois ces actes sont chez eux assez rares ; et cela s'explique par une cruauté et une énergie moindre que chez les criminels-nés, la pratique et l'astuce dans le crime leur manquant presque complètement.

Leurs attentats sont la plupart du temps accomplis au grand jour, dans un but ou sous prétexte de bien public ; ils y apportent cette instantanéité, cette impulsivité irrésistible, presque inconscientes, qu'on retrouve dans les actes des épileptiques et des fous moraux.

Sbarbaro, Lazzaretti, Cordigliani, Coccapieller, se donnent continuellement comme vengeurs des abus sociaux.

« Quand l'inspiration s'empare de l'esprit, écrit Guiteau, il ne se possède plus. Tout d'abord l'idée homicide me faisait horreur ; mais bientôt je vis que c'était une véritable inspiration qui s'emparait de moi ; pendant quinze jours, je me suis senti inspiré ; je ne mangeais plus, je ne dormais plus jusqu'à l'accomplissement de l'attentat. Mais, aussitôt l'acte accompli, le sommeil et l'appétit me sont revenus. »

C'est bien là, tel qu'il le décrit, un véritable accès d'impulsivité épileptoïde.

Toutefois l'aptitude moindre, le peu de pratique du crime font que ces mattoïdes apportent dans leurs actes de violence comme dans leurs homicides, une vigueur bien moindre que les véritables criminels-nés. Ils n'y déploient pas cette habileté propre à ces derniers, ils n'emploient jamais ou presque jamais d'armes meurtrières. Ainsi Passanante, Cordigliani, Caporali, Baffier, se servent de mauvais couteaux de cuisine, de pierres ; Vita, d'une petite caisse de liquide inoffensif bouchée de manière à ne pouvoir éclater, même si elle avait été remplie de poudre pyrique ou de nitroglycérine. Assez souvent leurs armes sont chargées à poudre comme dans les attentats contre Ferry, Carnot et F. Faure. — Ils n'ont jamais de complices ; ils ne s'embusquent pas. Ils ne se préparent pas d'alibi ; ils ne dissimulent ni ne désavouent leur crime.

Un caractère que ces criminels politiques ont de commun avec les hystériques, consiste dans la multiplicité de leurs écrits, où ils exposent leurs plans ténébreux qu'ils envoient aux journaux les plus en vogue, aux magistrats, au premier venu, se servant de lettres ouvertes, d'avis publics, de brochures comme le firent Mangione, Caporali, Baffier, Vita, Guiteau.

Un autre de leurs caractères est le peu de repentir qu'ils montrent après le crime, malgré l'intégrité relative de leur sens moral ; ordinairement ils s'en vantent : la satisfaction de s'être montrés quelque chose aux yeux du monde, la conviction d'avoir rendu service à l'humanité, étouffent en eux tout autre sentiment.

Mattoïdes persécuteurs

A côté de ces mattoïdes existe une autre variété, à anomalies plus fréquentes (souvent à lésions cardiaques ou hépatiques). Ils n'ont pas, comme ceux que nous venons d'étudier, le sens moral et l'affectivité intacts. Ce sont des mécontents, continuellement jaloux de ne pouvoir réussir, qui se croient persécutés et deviennent à leur tour persécuteurs, en voulant aux riches, aux chefs du Gouvernement, au régime politique, etc.

D'autres, mêlant la politique à leurs luttes personnelles, poursuivent les députés, les magistrats auxquels ils attribuent la perte d'un procès, insultent les juges, se font les avocats de tous les opprimés. Büchner (*Friedrich Blatt*, 1870), cite un mattoïde qui fonda à Berlin

une société pour protéger tous ceux qui avaient
été maltraités par la magistrature, et en envoya
le programme au roi.

Style des anarchistes. — On pourra se rendre
compte que les mattoïdes ne manquent pas
parmi les anarchistes en lisant les manuscrits
de Passanante et de Cordigliani que j'ai publiés
et quelques passages d'un journal franchement
anarchiste, *l'Ordine*, d'où ressort le style spécial
aux mattoïdes.

En voilà quelques exemples :

« Qu'est-ce que l'atavisme ? Nous croyons ne
« pas nous tromper en répondant : *succession
« et par suite hérédité*.

« C'est l'exception d'une regression progres-
« sive, un effet désordonné, — tandis que l'évo-
« lution naturelle est caractérisée constamment
« par l'invariabilité dans l'attraction et non par
« un signe de régression. L'évolution naturelle
« ne peut reculer.

« Pourquoi fait-on un pas, sinon pour satis-
« faire une sensibilité, l'attraction, — le moteur
« de l'action d'avancer ? Chaque jour succède
« aux jours qui l'ont précédé. Chaque sensibi-
« lité est le raffinement de la somme des sensi-,
« bilités parcourues, le progrès des sciences.

« Là où les sensibilités n'ont pas un exercice
« d'intégrations très compliquées, où on observe
« moins de raffinement, nous le réservons à l'ins-
« tinct : là où nos expériences peuvent encore
« moins se distinguer, nous l'attribuons à l'at-
« traction.

« La succession, l'hérédité enveloppée dans
« l'enchevêtrement serpentin des tromperies
« s'infecte de ses poisons, et apporte aux gens
« l'amas de douleurs, de représailles, de ré-
« voltes. Le désordre est une institution ; le
« désordre est une chose constituée ; l'ata-
« visme est une maladie.

« Faire l'expropriation ? Mais il ne le faut pas !
« Ce serait contraire aux principes de l'anar-
« chie ; ce ne serait pas cette harmonie sur
« laquelle l'anarchie s'équilibre. Ce serait tou-
« jours s'approprier le bien qui appartient à
« tout le monde, ce serait détruire la synthèse
« de tout à tous, du tout de tous.

« Tout à tous, dans la nature, telle est scien-
« tifiquement l'harmonie cosmique; c'est l'asso-
« ciation harmonisante, dans laquelle tous les
« membres de l'existence mondiale s'équilibrent
« dans leur action difficile à apercevoir entre
« l'égoïsme et l'altruisme. Notre science re-

« trouve ses fibres de vérité dans les différentes
«. harmonies s'équilibrant entre elles, auxquelles
« les mathématiques ne viennent en aide que
« pour nous faire rechercher et vérifier les pro-
« portions harmoniques. (*L'Ordine*, Torino,
« (20 août 1892, 1ʳᵉ année, n° 3.)

« On a formé le concept du privilège, apanage
« tardif de la famille humaine. Et, pour l'obtenir,
« pour s'en emparer, de ce privilège, la famille
« humaine se dérègle dans son hérédité, elle se
« subdivise en fractions infinitésimales, elle
« trouble les sensibilités originaires de son ac-
« tion commune, l'empoisonne par les préfé-
« rences qu'elle y met, défraternise les membres
« de l'association, crée les passions.

« …L'homme s'applique à lui-même l'ata-
« visme quand c'est une hérédité malsaine
« accumulée par le désordre de ses petites
« associations de révolte, contre la grande
« association, l'association universelle.

« Qu'il nous soit permis d'ouvrir une paren-
« thèse. Les mots, principalement ceux adop-
« tés par les hommes de science, ont une
« espèce de classification dans leur eurythmie
« même. C'est une bonne chose, car cela aide
« (comme ça devrait toujours le faire) à com-

« prendre le langage. Ainsi les mots qui se
« terminent en *on*, composition, production,
« création, leçon, etc., indiquent une action
« au moment où on l'accomplit ; ceux en *ent*,
« fonctionnement, accomplissement, ferment,
« talent, etc., indiquent un stade plus défini
« de la qualité de l'action ; ceux en *isme*, ratio-
« nalisme, militarisme, régionalisme, crétinisme
« (la création divine avec la fange, c'est-à-dire
« la *craie*), religiosisme, désignent de préfé-
« rence, comme l'atavisme, un état stationnaire,
« indiquant l'institution. Et, si la distinction
« eurythmique ne nous a pas induits en erreur,
« notre parenthèse vient à point pour justifier
« notre concept sur l'atavisme sain. » (*Id.*,
27 août 1892, n° 4.)

CHAPITRE VI

Il convient peut-être de rattacher au groupe précédent ces singuliers homicides qu'on a appelés suicides indirects. Certains, en effet, tuent ou mieux attentent avec la plus grande impéritie à la vie d'un chef de parti par exemple, dans l'unique but d'en finir avec leur propre existence, n'ayant pas le courage de le faire eux-mêmes.

Nous en avons même des exemples récents. En Espagne, Oliva y Mancuso, qui, au milieu des criminels politiques, détonne par d'assez nombreux caractères dégénératifs, attenta en 1878 à la vie du roi Alphonse sans qu'aucun acte de ce dernier, même à l'égard des révolutionnaires, ait pu justifier ce crime.

Doué d'un caractère rebelle et d'une intelligence médiocre, il s'était adonné d'abord aux mathématiques, alors que sa famille voulait lui donner une instruction littéraire ; ne réussissant ni dans l'une ni dans l'autre voie, il avait abandonné les études, devenant successivement élève sculpteur, typographe, journalier, bottier et enfin soldat, donnant seulement dans ce dernier état preuve d'une certaine valeur.

Retourné à l'atelier, il s'adonna avec une passion nouvelle à la lecture de livres et de journaux avancés. Aussi délaissait-il en partie son travail. Ne pouvant s'accommoder d'une vie peu conforme à ses goûts, il avait plusieurs fois manifesté l'idée de se suicider. Ayant enfin obtenu de son père un léger subside pour aller en Algérie, il en profita pour aller à Madrid, où il commit l'attentat.

C'est là un cas de suicide indirect comme en notent Maudsley, Esquirol et Krafft Ebing, et semblable à des homicides ayant le suicide pour but, comme le cas de Nobiling, qui en 1878 à Berlin déchargeait un coup de revolver sur l'empereur et cherchait ensuite à se tuer avec son arme. C'était aussi un déclassé avec nombreux stigmates de dégénérescence (hydrocéphalie, asymétrie faciale), qui ressortent au milieu des autres criminels par passion du tableau II, dont les traits ne présentent presque aucune anomalie. Lauréat en philosophie, il s'était d'abord adonné à l'économie rurale, et, ayant publié un opuscule sur des questions économiques, il avait demandé et obtenu un poste en Prusse dans un bureau de statistique ; mais, un travail important lui ayant été confié, il s'en montra incapable et fut congédié.

Réduit à un emploi plus modeste, il voyagea ensuite en France et en Angleterre, puis retourna en Allemagne, mais ne put se livrer à aucune occupation stable. Ce fut alors qu'il conçut l'attentat que huit jours après il mettait à exécution.

Lors de son procès, les camarades qui déposèrent pour lui le considéraient comme un incorrigible, d'un caractère tenace et égoïste, mais d'un naturel doux, rêvant de spiritisme et de théories socialistes qu'il développait en toute occasion, toutefois d'une façon un peu confuse ; ils l'appelaient même le *pétroleur* et le *communiste*.

Passanante, à peine arrêté, déclarait « avoir

commis l'attentat sur le roi avec la certitude qu'il serait tué ; *la vie lui était devenue un fardeau* depuis les mauvais traitements que son patron lui avait fait subir ». En effet, deux jours avant l'attentat, il était plus préoccupé de son renvoi que du régicide commis. Au moment de son arrestation, il fit tout pour aggraver sa situation, rappelant au commissaire qu'on avait oublié de parler de l'écrit révolutionnaire sur lequel il avait mis *Mort au roi ! Vive la République !*

Cela, joint à sa vanité, pourrait expliquer pourquoi il refusa de se pourvoir en cassation et pourquoi, à l'annonce de sa grâce, il s'en préoccupa fort peu, ne songeant qu'aux critiques qu'elle pouvait soulever.

Frattini, qui jeta sur la place Colonna à Rome une bombe qui blessa plusieurs passants, dit, lors de son procès, qu'il ne voulait blesser personne, mais protester contre l'ordre de choses actuel, etc., qu'il lui suffisait d'avoir vaincu la noblesse féodale ! Mais les fragments suivants, que je dois à l'obligeance de M. Sighele, prouvent quelle large part avait le dégoût de la vie dans les exploits de ce déséquilibré.

« ... Je n'ai aucune crainte pour ma liberté,

et encore moins pour ma vie... me l'ôter serait pour moi le plus grand bienfait. »

« Je ne pouvais tolérer plus longtemps la vie d'affronts et de honte à laquelle la société *civile* m'avait condamné sans motif. Je n'ai jamais cherché qu'à aider mes semblables, jamais je n'ai nui à personne ! Dès lors, je ne pouvais ni ne devais avoir de haine contre personne. »

« ... Qui est-ce qui m'a donné du pain ?... Le travail, peut-être, que je ne trouvai pas ?...

« Je suis qualifié d'assassin : est-ce parce que je n'ai pas voulu voler pour vivre, ou bien parce que je n'ai pas eu le courage de tenter le suicide une seconde fois ?

« Les animaux trouvent de quoi vivre, chacun suivant les besoins propres à son espèce : c'est qu'aucun d'eux ne vole la nourriture de l'autre, et se contente du nécessaire. La nature a établi la propriété commune, c'est l'usurpation qui a établi la propriété privée. — De là vient l'origine de tous nos maux !... »

Une autre preuve évidente de ces aspirations latentes au suicide par l'homicide politique nous est fournie par ce curieux document psychologique que je dois à la courtoisie de la reine de Roumanie qui, comme on le sait, est à la fois une lettrée (Carmen Sylva) et une femme de science apte à comprendre les tendances nouvelles.

C..., roumain, âgé de trente ans, qui avait été condamné pour homicide et gracié, attenta follement à la vie du roi en faisant feu de la rue sur les fenêtres éclairées, de telle sorte que seules les vitres furent touchées. Une perquisition faite dans sa chambre fit découvrir un certain nombre de photographies, entre autres une dans laquelle il s'était fait représenter six mois auparavant, essayant de se suicider pendant que sa maîtresse l'en empêche, — et que l'illustre reine a comparée à celle de Cavaglia. On retrouve évidemment là une velléité vaniteuse peut-être de se suicider, déjà à une époque qui a précédé le crime, qui alors pourrait s'expliquer comme un suicide indirect.

Henry et Vaillant sont à mon avis de véritables suicides indirects, et sans doute aussi Lega, qui déplorait que la peine de mort n'existât plus en Italie. Caserio, avant son attentat, disait « que la décapitation n'était pas douloureuse », et Henry ne veut pas que son

avocat ni sa mère citent à sa décharge la
folie de son père, disant aux jurés, « que le
rôle de son avocat est de le défendre ; quant à
lui, il est décidé à mourir. »

CHAPITRE VII

Mais une grande part de ces réactions revient au fanatisme économique ou social, à la passion violente qui peut par exception s'enter sur la criminalité et se confondre avec elle, — mais qui souvent reste à l'état isolé.

C'est ce que j'ai démontré dans mon *Crime politique*. Ces criminels par passion sont par leur droiture l'opposé, l'antithèse des criminels-nés.

D'abord ils en diffèrent non seulement par l'absence totale de type criminel, mais par une physionomie très régulière, je dirais presque anti criminelle, par la largeur du front, la barbe bien fournie et le regard doux et tranquille.

Sur 30 nihilistes célèbres, 18 présentaient une très belle physionomie, tels que : Perowskaja, Cyddofina, Helfmann, Bakounine, Lavroff, Stefanowich, Michaïloff, Sassulich, Ossinski,

6.

Antonoff, Ubanoba, Vilaschenow, Icliaboff, Tschernyschewsky, Zundelewitch, Figuer, Presgnakoff, qui contrastent avec les traits irréguliers, les crânes hydrocéphalique de Fieschi, microcéphalique de Chevalier, de Marat, la physionomie musclée de Louise Michel.

Parmi nos révolutionnaires, ceux dont les portraits sont conservés au musée de la Renaissance italienne, à Milan, et ceux que nous avons étudiés dans la belle collection de Danniano Muoni, rappelons les très belles physionomies de Dandolo Poma, Porro, Schiaffino, Fabrizi, Pepe, Paoli, Fabretti, Pisacane, etc.

Parmi les révolutionnaires français, rappelons les belles physionomies de Desmoulins, Barrat, Brissot, Carnot; l'allemand Charles Sand était très beau.

Age et sexe. — Ici les femmes sont plus nombreuses si on pense au petit nombre qui prennent part au délit commun.

Quant à l'âge, ce sont les jeunes de 18 à 25 ans qui prédominent.

Regis (*les Régicides,* 1890) remarque que presque tous les régicides sont très jeunes : Solowief, La Sahla, Châtel et Staaps, 18 ans ; Sand

25 ans ; Renault, 20 ans ; Barrière et Booth,
27 ans ; Alibaud, 26 ans; Corday, 25 ans ; Meu-
nier, 23 ans ; Moncusi, 22 ans ; Otero, 19 ans.

Desmarets écrit : « Persuadée que l'enthousiasme et l'abnégation sont deux maladies de
la première jeunesse, la police napoléonienne
avait l'œil sur les jeunes gens de 18 à 20 ans. »
(*Témoignages*, etc., *Quinze Ans de haute
police*, 1893.)

Complices. — Les complices si fréquents dans
les délits communs manquent toujours chez les
régicides. Les polices peu exercées voulurent
en chercher à Sand, Passanante, Verger, Oliva,
Moncusi, Nobiling, Ravaillac, Corday, mais ne
purent jamais en découvrir.

Atavisme. — Le fanatisme politique ou le
mysticisme sont héréditaires chez un grand
nombre d'entre eux. Les pères de Corday,
Orsini, Padelewski étaient de fanatiques révolutionnaires.

Le père de Booth s'appelait Junius Brutus et
avait pris le nom d'un révolutionnaire, Welka-
salcey ; les pères de Guiteau et de Nobiling
étaient des piétistes exagérés ; la mère de
Staaps ne parlait qu'en versets bibliques.

« Brutus (je copie Plutarque) descend de ce

J. Brutus qui abattit les Tarquins et de Servilia
dans la famille de qui était né le tyrannicide
Servilius Ala. »

Etat psychique. — Ce sont tous des modèles
d'honnêteté ; ils la poussent même jusqu'à l'exagération. Sand vécut et mourut comme un saint,
si bien que le lieu de son supplice fut appelé
par le peuple « le pré de l'ascension de Sand au
ciel » (*Sand Himmels fort Weise*).

Stepniak nous fait remarquer le nihiliste
Lisogub qui, millionnaire, vivait comme un
pauvre pour grossir la caisse de ses coreligion-
naires ; ses amis devaient lui faire violence afin
qu'il ne se laissât tomber malade à force de privations ; il en est de même chez nous de Caficero.

Charlotte Corday (25 ans) était très douce,
d'un abord aimable ; c'était un modèle d'honnête femme. Elle passa sa jeunesse dans les
études d'histoire et de philosophie, se pas-
sionnant à la lecture de Plutarque, de Montes-
quieu et de Rousseau.

L'éloquence ardente de quelques girondins,
et peut-être aussi un secret amour pour l'un
d'entre eux, la pousse à épouser chaleureuse-
ment leur cause. Elle assiste à la séance de la
Convention où les girondins furent condamnés

à mort. Dès lors, elle est décidée à tuer celui qui lui semble y avoir contribué le plus. Comme on s'étonnait qu'elle si frêle et si peu expérimentée ait pu seule et sans complice arriver à frapper Marat : « La colère, répondit-elle (ce mot indiquait la violence de la passion), avait gonflé mon cœur, et a conduit ma main pour arriver jusqu'au sien. » (D'Abrantès, *Vie et Portraits de femmes célèbres*, 1838.)

Dans la liste des 60 martyrs de d'Ayala, où on trouve décrit le caractère de 37 d'entre eux, 29 paraissent avoir un caractère très noble, brave, généreux, emporté et téméraire à l'excès.

Vera Sassulich fut acquittée par les jurés lorsqu'elle attenta à la vie du capitaine Trépoff. Cependant, toujours mécontente d'elle-même, elle avouait après l'acquittement que la lecture de sa sentence l'avait remplie de tristesse, car ç'eût été un sentiment réconfortant pour elle, si elle avait été condamnée, de penser qu'elle avait fait pour la cause tout ce qui était en son pouvoir. Elle dit pour sa défense aux jurés :

« C'est monstrueux de lever la main sur un homme, je le sais, mais je voulais prouver qu'un si grand crime (il avait infligé le supplice du knout aux accusés politiques) ne devait pas rester impuni, et je voulais appeler l'attention de tous sur ce méfait, afin qu'il ne se renouvelle plus. » Il y avait une si noble passion dans ces paroles, qu'elle fut unanimement acquittée.

A ces caractères, nous devons en ajouter un autre propre à ces passionnés le besoin, le désir intense d'endurer la douleur et de s'imposer des souffrances physiques. *La souffrance est chose douce*, dit un héros politique de Dostojewsky. Le passionné aime non seulement souffrir pour une grande idée, mais même, à défaut de l'idée, il souffre dans le seul but de souffrir ; il avalera par exemple des substances amères, pour endurer l'amertume. Cela s'observe très souvent chez les dévotes qui se font flageller, qui portent des cilices poignants, en l'honneur d'un saint, du Sacré-Cœur, etc., et cela nous explique la sublime témérité des nihilistes et des martyrs chrétiens.

Une des accusées du procès des 50 à Pétersbourg, moribonde par suite de tuberculose et des souffrances endurées à la prison, improvisait à ses juges une poésie qui suffit à elle seule à démontrer combien dans son cœur était fervente la passion du martyre : « Hâtez-vous, juges, et « jugez-moi comme vous l'entendrez; mon crime

« est grave et terrible. Vêtue de grossiers habits,
« ayant commis le crime d'être pieds nus, je
« m'acheminai du côté où nos frères gémissent,
« là où la misère et le travail sont sans relâche.
« A quoi serviront les phrases et les discours ?
« Ne suis-je pas assez convaincue d'être crimi-
« nelle ? Ne suis-je pas le crime personnifié ? Les
« épaules encore enveloppées dans des vête-
« ments de paysanne, les pieds nus, les mains
« calleuses, je suis rompue par un travail exté-
« nuant ; et la preuve la plus grave contre moi,
« c'est l'amour de mon pays. Mais, quelque cou-
« pable que je sois, vous juges, vous êtes impuis-
« sants contre moi ; non, aucune peine ne pourra
« m'atteindre parce que *j'ai une foi* qui vous
« manque, celle du triomphe de l'Idée. Vous
« pouvez me condamner pour le restant de mes
« jours, mais mon mal, comme vous le voyez,
« abrégera ma peine. Je mourrai *le cœur plein de*
« *ce grand amour*, et les bourreaux eux-mêmes,
« jetant à terre les clefs de la prison, éclate-
« ront en sanglots et prieront à mon chevet. »

Renan attribue précisément les progrès rapi-
des du Christianisme, l'influence du génie du
Christ et de ses précurseurs, les Esséniens mis
à part, à une véritable passion pour le martyre

chez ses prosélytes, passion puissante au point
de provoquer des conversions, comme celles de
Justinien et de Tertullien à la seule vue du courage indomptable des martyrs. Par suite, on comprend que les Gnostics aient été mis au ban par
toutes les sectes chrétiennes parce qu'ils prê-
chaient l'inutilité des martyres. « Dans le mas-
« sacre des Babis, en Perse, écrit Renan, on vit
« des gens, qui appartenaient à peine à la secte,
« aller se dénoncer eux-mêmes pour être com-
« pris dans la foule des victimes. Il est si doux
« à l'homme de souffrir pour quelque chose, que
« souvent l'attraction seule du martyre suffit
« pour lui donner la foi. Un des disciples et com-
« pagnons de supplice de Baab, placé à ses côtés
« et attendant la mort, ne faisait que répéter ces
« mots : « Maître, es-tu content de moi ?... »
« On vit ce jour-là, dans les rues et les bazars de
« Téhéran, un spectacle que la population n'ou-
« bliera peut-être jamais. Aujourd'hui encore,
« lorsque la conversation tombe sur ce cha-
« pitre, on peut juger de l'admiration mêlée
« d'horreur que la foule éprouva et que les
« temps n'ont pas dissipée. Quand un des tortu-
« rés tombait et qu'on le relevait à coups de
« fouet, pour peu que la perte de son sang

« qui ruisselait de tous ses membres lui lais-
« sât quelque force, il dansait et s'écriait avec
« un enthousiasme croissant : « En vérité, nous
« appartenons à Dieu, et nous retournons à
« lui ! » Quelques enfants expirèrent en che-
« min : les bourreaux jetèrent leurs corps sous
« les pieds de leurs pères et de leurs sœurs qui
« les piétinaient intrépidement et ne se retour-
« naient pas pour les regarder. Lorsqu'on arriva
« au lieu du supplice, la vie fut offerte aux vic-
« times à condition qu'elles abjurassent leur foi.
« Un des bourreaux imagina de dire à un homme
« que, s'il ne cédait pas, il scierait le cou de ses
« deux enfants sur sa poitrine. C'étaient deux
« adolescents dont l'aîné avait quatorze ans et
« qui, rougis de leur propre sang, les chairs
« calcinées, écoutaient froidement ce dialogue.
« Le père répondit qu'il était prêt et s'étendit
« par terre ; alors l'aîné des deux enfants, ré-
« clamant impétueusement son droit d'aînesse,
« demanda à être égorgé le premier. »

On comprend donc combien peut être grande
chez les criminels par passion la conviction
qu'ils retirent quelque chose d'utile de leurs
actes. C'est non seulement ce qui les rend in-
trépides même en face du supplice (Parry,

Straps, Corday, Gérard), mais encore exclut chez eux tout repentir, sans qu'ils doivent toutefois être confondus pour cela avec les criminels ordinaires. Chez ces derniers, l'indifférence pour la vie, l'absence de repentir, sont dus à leur manque de sens moral, les passionnés au contraire conservent jusque dans l'impénitence la modestie et la délicatesse de toute leur vie.

Aussi le fanatisme et la passion ont-ils armé la main de quelques-uns de nos anarchistes sans qu'on trouve une tache dans leur vie.

Toutefois la passion s'est certainement associée chez eux avec la névrose héréditaire.

Nobiling et Booth étaient les fils de deux suicidés ; Sand avait eu des accès de mélancolie avec idées de suicide ; Hillairaud, qui a attenté aux jours de Bazaine, et Lasalle, qui essaya de tuer Napoléon, avaient des crises épileptoïdes. La témérité d'Orsini était si folle, que les mazziniens, pour dire une « folie », disaient *un'orsinata* (une orsinade). Booth, Nobiling, Alibaud, étaient fils de suicidés. Karl Sand, qui est peut-être le type le plus complet de cette catégorie d'hommes, avait eu des accès de mélancolie avec idées de suicide. (Regis, *les Régicides*, 1890.)

Hillairaud, qui tenta d'assassiner Bazaine
pour venger l'honneur de la France, avait une
insuffisance aortique, une atrophie du bras
droit et des convulsions épileptoïdes; de même,
Lassale, qui avait tenté de tuer Napoléon pour
rendre la paix au monde, mourut ataxique (*Id.*)

Caserio. — Caserio est un exemple admirable de cette forme. Il a vingt et un ans, il est
de Motta Visconti (Lombardie). Sa famille se
compose du père, de la mère et de huit frères,
tous bien portants, et dont Santo est l'avant-
dernier.

Son père était cultivateur et faisait aussi
le batelier sur le Tessin : c'était un excellent
homme, d'un noble caractère même et d'une
honnêteté à toute épreuve. Né en 1836, il mourut
en 1887. Tout jeune, en 1848, il avait été arrêté
par les Autrichiens qui gardaient le Tessin et
enfermé comme contrebandier dans l'église
Saint-Roch. Il paraîtrait que les Autrichiens
l'avaient menacé de mort, et le malheureux en
avait éprouvé une telle épouvante que de ce jour
il fut pris de fréquents accès épileptiques;
cependant cette épilepsie, survenue chez lui à
l'âge de douze ans, devait avoir une prédispo-
sition héréditaire, et peut-être la pellagre

comme origine. Deux de ses frères furent affectés de manie pellagreuse. Actuellement ils

Fig. 4. — Caserio.

sont toutefois bien portants à Mombello. Il faut dire d'ailleurs que la pellagre fait de grands ravages à Motta Visconti; — j'ai eu occasion d'en soigner un certain nombre lorsque j'étais à Pavie.

Sa physionomie, comme on le voit dans le portrait tiré de l'*Illustrazione Italiana* (juin 1894) à qui nous le devons, et qui nous en garantit la complète authenticité, n'a rien du type criminel, sauf la barbe rare, l'oreille sessile et les arcades sourcilières très développées ; l'œil est doux, pacifique, les formes crâniennes régulières ; le corps ne présente aucune anomalie, sauf un nœvus au bras. D'après les quelques renseignements qu'on a sur lui, il semble que sa criminalité s'est toute déchaînée sur le terrain politique. On ne lui trouve en effet dans son jeune âge aucune manifestation de tendances criminelles, sauf un penchant au vagabondage, un besoin d'abandonner la maison, chose rare dans ce pays où l'homme est si attaché à la terre.

Son frère disait de lui : « Mon frère a dans son enfance fréquenté les écoles du pays, mais il n'y a rien appris ; il a un caractère sombre, et je l'ai vu rarement gai. » Il était doux, adorait sa mère, était très religieux et avait servi de Saint-Jean dans les processions : il rêvait d'entrer au séminaire, de faire un prêtre, un apôtre. Il s'irritait contre ses jeunes camarades lorsqu'il en voyait voler un fruit dans les champs.

Il avait environ dix ans lorsqu'il abandonna à l'improviste et en cachette sa famille, et descendit à Milan, où il se fit garçon boulanger. Un fait remarquable est qu'il ne buvait pas de vin, s'abstenait des femmes et du jeu, à l'encontre de ses camarades, mais s'adonnait à la lecture et aux discussions; et même, au cours d'une de ces discussions, lui si calme d'ordinaire cassa une bouteille sur la tête de son adversaire. Il avait alors treize ans.

Sa profession de foi anarchiste date de l'âge de dix-sept ans. Il paraît qu'il en avait reçu les premières notions d'un de ses compagnons de travail; bientôt il devint un des anarchistes les plus exaltés; les quelques heures que lui laissait son pénible travail, il les employait à lire des livres et des publications anarchistes et à faire de la propagande, jusque parmi les rudes campagnards de Motta, qui lui riaient au nez.

Tout d'abord, il s'en cachait, et son patron ainsi que sa famille n'en surent rien pendant longtemps. Le premier à s'en apercevoir fut l'aîné de ses frères, qui lui fit des réprimandes et usa de tous les moyens pour l'en dissuader, ce qui amena une rupture entre les deux frères.

Sa famille fut péniblement affectée de ces nouvelles tendances.

Il y a deux ans (1892), quand les anarchistes distribuèrent des papiers aux soldats à Porta Vittoria, Caserio fut arrêté et condamné à quatre jours de prison. Sa mère, en recevant la nouvelle à Motta, en tomba malade pour plusieurs mois.

A l'audience, il se contenta de reconnaître qu'il avait distribué aux soldats des brochures anarchistes et s'en référa purement et simplement aux réponses qu'il avait faites au juge d'instruction.

Et, devant le juge d'instruction, il déclara que c'était seulement en 1891 qu'il s'était affilié au parti anarchiste, et qu'il l'avait fait à la suite de la lecture de plusieurs opuscules et d'entretiens avec quelques compagnons qu'il refusait de nommer, dans une auberge où il jouait aux boules avec eux.

Il ajouta cependant qu'il ne se sentait pas orateur et ne prenait par conséquent aucune part aux colloques anarchistes.

Toutefois il écrivait, et il avait même fait une monographie, restée inédite, sur les bagarres anarchistes qui s'étaient produites quelques années auparavant dans la rue Pavana, près des Cuisines économiques.

Evidemment l'irritation anormale du cerveau produite par l'hérédité épileptique se traduisit chez lui par le fanatisme religieux d'abord, politique ensuite. Dans un village étranger à toute idée moderne, comme le sont ceux de la Lombardie, éloigné de tout centre, son fanatisme ne pouvait être que religieux, parce que dans ces pays le paysan n'a d'autre voie à son idéal que la religion.

Et, à ce propos, nous ferons remarquer qu'Henry, Vaillant, Faure et Salvador ont commencé, eux aussi, par ces enthousiasmes religieux si en contradiction en apparence avec les enthousiasmes qui leur ont succédé. Cyvoct aussi aurait agi par fanatisme religieux (1). Mais le fond est toujours le même, c'est une tendance native à exagérer l'idéal, les sentiments les moins positifs. Aujourd'hui l'idéal a changé avec les temps : Cascrio aurait certainement pu devenir un Pierre l'Ermite s'il avait vécu à une autre époque et s'il s'était trouvé continuellement en contact avec de fervents

____

(1) *Revue des Revues*, février 1894.

religieux. Mais, à dix-sept ans, il se trouve au milieu de fanatiques propagandistes anarchistes. il lit leurs journaux, et alors son fanatisme religieux se change en fanatisme économique sous forme d'anarchie.

Il trouva d'ailleurs un aliment facile à ses idées dans le spectacle, qu'il avait autour de lui, de la situation misérable faite au paysan lombard, malmené par les contrats agraires, appelé souvent à mourir misérablement sinon de faim, du moins de pellagre, vivant dans des conditions inférieures à celles des esclaves romains. Aussi comprend-on très bien que chez un paysan intelligent un brusque changement puisse s'opérer. Le serf antique au moins était nourri par son maître, le lombard n'obtient même pas cet avantage. Et, s'il songe peu à se révolter jusqu'à présent du moins, cela s'explique par la dépression qu'a produite la misère, car il faut un certain degré de bien-être pour avoir la force de réagir. Aussi chez nous, n'est-ce pas le cultivateur lombard, qui n'a plus de sang dans les veines, qui proteste, mais le romagnol, qui boit encore quelque peu de vin et mange de la viande. Et dans le cas particulier de Caserio, si chez lui, paysan, il se produisit une réaction, c'est que sa famille jouissait d'un bien-être relatif. Et voilà pourquoi, malgré sa grande affection pour les siens, il ne veut pas rester à Motta ; y étant venu, il en fuit aussitôt, et, dans sa fuite vagabonde, il pleure (écrit-il), pensant à la triste condition de ses semblables.

Ce qui est encore plus important à noter ici, c'est l'hérédité épileptique du père, qui fit d'un paysan tout d'abord pacifique une nature farouche, portée aux excès du fanatisme, et qui porta aux premiers rangs d'un parti d'exaltés un de ces campagnards apathiques d'habitude et qui ordinairement se contenteraient de marcher avec les plus retardataires. Nous le voyons, tandis qu'il travaille la nuit, employer le jour à lire des journaux, à risquer sa liberté, jusqu'à distribuer des manifestes anarchistes aux soldats.

Très ignorant, sachant à peine parler, il veut diriger un journal : il en arrive à commettre un crime abominable, sans en éprouver, ni avant ni après, la moindre émotion, comme le plus endurci des assassins. C'est que le fanatisme joint à l'épilepsie rend aveugle, féroce, indomptable (1).

---

(1) « Remarque, écrivait-il, que si je ne puis prendre un bourgeois à la gorge, mon cœur crie vengeance : un seul jour suffira pour faire une vengeance terrible. »

Le monoïdéisme (1) (préoccupation absolue d'une seule idée), favorisé chez lui par une instruction trop insuffisante, ne lui permit pas de faire là critique des idées dans lesquelles il s'était engagé. L'indifférence singulière pour tout ce qui intéresse le plus la jeunesse normale, comme la femme, le jeu (dans toutes ses lettres, pas une allusion aux femmes, au jeu, aux coutumes nouvelles, aux distractions propres à son âge), contribua à le porter à cet excès. Le monoïdéisme explique que, si inexpérimenté dans le crime, il ait pu à son premier essai réussir de la sorte, et qu'en présence de l'indignation publique, il n'ait pas ressenti cette réaction qui survient chez un grand nombre de monomanes après le crime. En tuant Carnot, il croyait, au lieu du pacifique homme d'État, frapper une espèce de Denys ou de Tibère. Sa grande ignorance agit encore dans le même sens ; pauvre paysan devenu boulanger, il n'a pu, du four à la vie politique, sucer d'autre lait

(1) Le juge Benoist lui dit :

« Voyons un peu, Caserio, pourquoi avez-vous voulu tuer le Président ? Le connaissiez-vous ? — Non. — Alors vous aviez quelque chose à lui reprocher ? — C'est un tyran : voilà pourquoi je l'ai frappé. — Vous êtes donc anarchiste ? — Oui, et je m'en vante. »

que celui que lui fournissaient les anarchistes;
et, comme il en arrive de certains bigots, qui
ne voient autre chose que ce qu'ils lisent dans
les livres superstitieux, il ne savait de la politique que ce que lui suggérait son entourage
anarchiste. Quand un homme est envahi par
une seule idée, il s'y adonne avec une énergie
extraordinaire : qu'il suffise, à cette occasion, de
rappeler les *Assassins* du Vieux de la Montagne
de Syrie ; il suffit de songer aux hypnotisés qui
sous la suggestion monoïdéisante, courent droit
au but qu'on leur suggère, sans s'occuper des
obstacles. L'hérédité de l'épilepsie paternelle a
d'ailleurs contribué pour beaucoup à redoubler
cette énergie qui, peut-être, s'est transfusée en
lui sous la forme que j'appelle épilepsie politique, impulsion à commettre des crimes politiques, et dont j'ai cité plus haut des exemples.

Tempérament épileptique. — Son tempérament épileptique ressort nettement du contraste
qui caractérise certains de ses actes et qui, on le
sait, est un des caractères communs aux épileptiques. Ainsi, très bon avec sa famille et ses
amis, il devenait tout d'un coup farouche dès
qu'on touchait à la question anarchie. Dans
une de ses lettres, après s'être exprimé avec

beaucoup de douceur envers sa famille et avoir
parlé de son incapacité de recourir à la violence, il ajoute : « Mais vous verrez, quand
mon jour viendra, que je serai le plus énergique
de tous mes compagnons. »

Ces derniers ont dit qu'il était doux et sobre,
mais devenait *semblable à une bête s'ils le pous-
saient sur ses idées anarchistes.*

La scène suivante est une nouvelle preuve de
cette épilepsie psychique :

Lorsqu'en présence du juge Benoist il simula
le coup de poignard porté à Carnot, il s'anima
tellement, ses yeux s'étaient injectés de sang,
ses traits s'étaient convulsés, il tremblait de
tous ses membres, tellement que le juge, rempli
d'horreur, ou peu accoutumé à de semblables
cas, s'exclama :

« Assez ! vous êtes un monstre. »

Alors il répliqua, moitié en mauvais français, moitié en mauvais italien :

« Cela n'est rien ! Vous me verrez au procès, puis sur l'échafaud. Cette dernière scène
sera tout particulièrement belle. »

Et il rit cyniquement.

Mais, cinq minutes après, il tomba dans une
sorte d'abattement physique et moral, se laissa

aller sur son lit de camp et s'endormit profondé-
ment.

Moins d'une heure après, il se réveillait en
sursaut, et, se tenant la tête entre les deux
mains, il demanda aux gardiens qui le surveil-
laient nuit et jour de lui apporter de l'eau-de-
vie, du rhum ou une boisson forte quelconque.

Evidemment cette scène, si peu comprise par
le juge, n'était autre qu'un accès d'épilepsie
psychique suivi (comme cela arrive dans ces
accès) d'un profond sommeil, sommeil qui ne
pouvait provenir de la fatigue ou d'une insomnie
antérieure, car les gardiens racontent qu'il dor-
mait toute la journée.

Dans ses lettres, il écrit avec des caractères
très communs lorsqu'il s'agit de lui, de sa famille, etc. ; mais, lorsqu'il parle de l'Anarchie
ou des persécutions politiques comme celles de
l'Espagne qui fusille les compagnons, son écriture devient énorme, les mots « Anarchie, Espagne » occupent chacun la moitié d'une ligne. Ce
qui constitue un des caractères des hystériques
et des épileptiques (*macrographie*). —Exemple :

Figure 5.

Le caractère principal des criminels par passion, c'est l'honnêteté et une hyperesthésie excessive (sensibilité à ses propres douleurs et à celles d'autrui). Or, dans un groupe de vingt lettres qu'il écrivit à plusieurs mois de distance, ces deux caractères apparaissent en lui clairement et d'une façon plus sûre que ne pourrait le faire le témoignage le moins partial.

Lorsqu'il est loin, sans travail : « Je devrais, comme anarchiste, dit-il, n'avoir aucun scrupule et, étant dans le besoin, prendre un bourgeois par la gorge et prendre de l'argent où il y en a ; mais je confesse que je ne m'en sens pas capable. » C'est bien l'antithèse propre aux criminels par passion, et qui se retrouve du reste chez lui dans l'horreur qu'il avait, tout enfant, de voir ses camarades marauder des fruits.

Le criminel-né, au contraire, cherche les prétextes les moins plausibles pour ses délits. Caserio avait un prétexte dans sa foi anarchiste, mais instinctivement il lui répugnait de le faire, et il s'y refusait (1).

____

(1) « Je suis humilié de voir que je dois être secouru par les compagnons. Mais que veux-tu ! C'est vrai qu'étant anarchiste je ne devrais par respecter la propriété, et, tandis que je me trouve dans le besoin, je devrais prendre où il y a de quoi,

Hyperesthésie. — Son extraordinaire sensibilité pour les douleurs d'autrui apparaît encore dans ces lettres par lesquelles il refuse de rentrer au foyer maternel parce que les souffrances auxquelles il doit assister y sont trop nombreuses.

« Souvent, en me couchant, je pense aux souffrances des miens (loin desquels il vit malgré eux), et je me mets à pleurer.

« Puis une autre pensée vient me dire : Ce n'est pas toi la cause de leurs souffrances, mais bien la société actuelle.

« Tu me dis que je suis loin de ma mère, de mon pays. Je ne saurais supporter les infamies que les supérieurs font supporter aux soldats, et, si j'avais un fusil, je tirerais aussitôt sur un officier. (Et voilà l'épilepsie qui ressort ; qu'on se rappelle Misdea.) « Serais-je même exempt de service militaire, que je ne pourrais supporter les infamies des vils bourgeois : je me ferais arrêter, et je serais éloigné d'elle.

« Si la guerre éclatait, je serais bien forcé de

mais pour le présent je ne me sens pas à moi tout seul le courage de prendre un bourgeois par la gorge et me faire donner son argent.

« Dès que je le pourrai, je vendrai mes bras à un bourgeois. et je rendrai la somme. »

laisser ma femme, ma mère, mes enfants pour courir là avec les autres imbéciles. Personne ne pense à la douleur de la famille, mais au devoir envers le pays ; pour moi, je combats cette société, je détruis les bourgeois.

« Vive l'anarchie ! (*en caractères énormes*).

Seule l'hypermnésie aiguë et maladive peut expliquer cette surprenante lucidité d'esprit qu'il garda tout en préparant son horrible attentat ainsi que le souvenir fidèle du moindre fait, qui lui permet de décrire (1) avec une admirable netteté le moindre incident de son voyage, d'admirer la beauté et la poésie des pays qu'il traverse, de goûter la fraîcheur et la limpidité de l'eau qui lui est offerte pour étancher sa soif ; il va même jusqu'à faire le compte de son argent pour utiliser de son mieux le peu qui lui reste afin de se rendre sur le lieu où il doit tuer (2).

Arrivé dans la ville en fête, ville qu'il connaît à peine, et dans laquelle il pouvait se perdre dans le dédale des rues pleines de monde, au milieu des éblouissements de l'illumination, il trouve moyen de s'orienter. A l'endroit où il va

(1) *Idée libérale*, 8 juillet 1894.
(2) *Ibid.*, 8 juillet 1894.

commettre son crime, quelques instants avant cette heure qu'il considère sans doute comme la dernière pour lui, lui qui n'a jamais tenu d'arme, il continue à être l'observateur le plus précis, le plus attentif au moindre détail ; il recueille toutes les données qui peuvent lui rendre plus certaine la réussite du triste méfait qu'il va accomplir.

Quelques secondes avant le crime, il réfléchit même qu'il doit traverser la rue, parce que dans les cortèges officiels les personnages importants se trouvent à droite dans les voitures.

Voilà bien le fanatique monoïdéisé, comme l'étaient les envoyés du Vieux de la montagne, avec la différence que son Vieux à lui était Bakounine, et la mission qui devait lui faire gagner le paradis consistait à mettre fin à la vie... d'un tyran présumé !

Santiago. — Un type tout à fait analogue se rencontre dans Salvador Santiago French.

Santiago Salvador French, pour venger son ami Pallas pendant la représentation de *Guillaume Tell* au Liceo de Barcelone, a, du haut des cinquièmes, jeté au parterre deux bombes Orsini qui tuèrent vingt personnes.

Il a trente-trois ans, est cultivateur, marié et père d'une charmante petite fille.

Il n'y a pas encore quatre ans, c'était un fervent catholique affilié au parti carliste : c'est en cédant à ses conseils que sa sœur est entrée dans un couvent.

« Là-bas, dit-il, dans mon village, j'étais carliste, et même un carliste forcené ; mon père était carliste et avait combattu dans leurs rangs ; toute ma famille l'était aussi. Nous ne connaissions d'autres opinions que celle-là.

— Vous avouez vous-même que vous étiez carliste parce que vous ne connaissiez d'autres idées. Si vous aviez connu d'autres idées, ou si vous aviez lu des œuvres philosophiques contraires à celles que vous avez lues depuis, vous ne seriez peut-être pas devenu anarchiste.

— Non, je suis anarchiste par instinct, je le répète. Lorsque j'étais carliste, je voulais que Don Carlos, après avoir fait tous les hommes égaux, supprimât toute distinction entre bourgeois et prolétaire... Mais je vois que pour l'instant l'anarchie est impossible. »

Un de ses oncles, prêtre, le jour de ses trente-trois ans, prit une plume et écrivit : « Le Christ n'a vécu que trente-trois ans ; pourquoi vivrais-je plus longtemps ? » Puis, s'étant armé d'un revolver, il se fit sauter la cervelle. Le père était criminel.

On affirme même que la tête de Santiago Salvador avait une ressemblance frappante avec celle d'Ignace Loyola ! Et pour cause !

Le fanatisme religieux fit place chez lui au fanatisme anarchiste. Un camarade lui ayant inculqué les premières notions de l'anarchie, il commença à lire des journaux et des brochures de propagande révolutionnaire. Il s'était même fait de l'opuscule *Fra contadini*, de Malatesta, une sorte d'Évangile qu'il prêchait à ses amis comme le faisait Caserio.

Il renia l'Église et fut à ce moment un de ceux qui fréquentaient le plus assidûment les meetings anarchistes.

C'est là qu'il connut Pallas, et avec lui il travailla à la contrebande du sel.

Ces deux fanatiques s'entendirent ensemble. A eux s'en ajoutaient d'autres. C'est ainsi que fut fondé le groupe terroriste *Benvenuto Salud*. Paul Pallas commença la campagne d'attentats à la dynamite en s'attaquant à la vie du général Martinez Campos. Condamné à être fusillé et conduit sur le lieu d'exécution, il s'écria :

« La vengeance sera terrible. » Santiago Salvador la recueillit par testament.

« Un jour, raconte sa femme, peu après la
« mort de Pallas, Salvador rentre à la maison
« avec deux bombes cachées dans un lange et
« les déposa sur un meuble. Le lendemain, il les
« plaça dans une marmite, et les enferma dans
« un bahut. Un autre soir, il me demanda un
« *peseta* (un franc). C'était le seul argent qui
« restât à la maison ; je le lui donnai. Il sortit,
« rentra à minuit, et, comme en proie au délire,
« il s'écria : *Antoinette, mon devoir est accom-*
« *pli ! Pallas est vengé !* »

C'est la reproduction du cas de Caserio : tous
deux religieux d'abord, anarchistes ensuite, tous
deux campagnards ignorants, devenus criminels
par fanatisme politique.

CHAPITRE VIII

ALTRUISME

Mais ici un curieux problème se pose pour le psychologue et le sociologue. Comment se fait-il que chez des hommes, presque tous aliénés, criminels ou névrosés et passionnés fanatiques, l'altruisme atteigne un degré aussi supérieur à la moyenne du commun des hommes, surtout par rapport aux criminels ordinaires qui se caractérisent par leur égoïsme excessif ?

C'est là un des caractères que nous sommes étonnés de rencontrer associés aux autres chez Vaillant, Henry, Caserio et chez bon nombre d'autres anarchistes plus criminels encore.

L. Desjardins a été frappé aussi, lui, par ce caractère.

« Il y a parmi les anarchistes des scélérats, mais beaucoup d'hommes bons par nature deviennent rebelles par une sensibilité trop grande : j'en ai rencontré un qui est devenu anarchiste pour avoir vu un patron casser le bras à un de ses domestiques. Reclus est connu pour son excessive bonté (1). » Personne n'ignore que Pini et Ravachol mettaient au profit des compagnons ou de la cause presque tout l'argent qu'ils avaient dérobé. On m'a écrit de Chicago que Spiès était vénéré comme un saint par ses compagnons, à qui il donnait tout son avoir, il gagnait 19 francs par semaine et en donnait 2 à un ami malade : il vint même en aide à un homme qui l'avait insulté ; à tel point que les compagnons disaient] que, si la cause venait à triompher, il eût fallu l'emprisonner pour l'empêcher de nuire à la révolution anarchiste par son sentimentalisme (2).

Pallas, un des plus farouches anarchistes, avait été jeté avec un de ses compagnons, à la suite d'un naufrage, sur une île déserte, lorsqu'un navire vint à s'approcher ; mais son compagnon qui devait venir avec lui se faisait attendre ; le capitaine du navire, impatienté, donna ordre de continuer la route. Alors Pallas, ne pouvant l'en empêcher, se jette à la nage, l'obligeant ainsi à s'arrêter jusqu'à ce que son

(1) *Revue bleue*, décembre 1893.
(2) *The Monist*, etc., juillet 1891.

camarade fût arrivé, et ainsi il lui sauva la vie.

Drumont signale dans la *Libre Parole* un fait du fameux nihiliste Stepniak ; venant de commettre un assassinat politique, et profitant de la stupéfaction des premiers moments, il s'était élancé dans une *troïka* où l'attendait un complice déguisé en cocher, et chargé de lui assurer la fuite. L'ami, trouvant qu'il n'y avait pas de temps à perdre, naturellement fouettait le cheval ; tout à coup Stepniak l'arrête : « Je suis très sensible, lui dit-il, et je ne puis voir souffrir les bêtes ; si tu continues à maltraiter ce pauvre cheval, je descends et je me constitue prisonnier. »

De l'enquête d'Hamon (1) sur divers anarchistes, il résulte que le mobile du plus grand nombre d'entre eux est un altruisme exagéré, une sensibilité morbide à la douleur des autres.

« M'étant mis, écrit-il, à interroger sur leur
« sort les malheureux malades de l'hôpital où
« je me trouvais moi-même, j'en fus épouvanté.
« L'effet en fut terrible : je compris alors le be-
« soin de la solidarité, et je devins anarchiste. »

« Vous me demandez pourquoi je suis devenu

(1) Dubois, *op. cit.*

« anarchiste ? dit un autre. Vous en trouverez
« la cause dans le froid, la faim, la fatigue de
« mes compagnons réduits par milliers à l'avi-
« lissement, à mendier du travail les larmes aux
« yeux auprès d'un patron qui les repousse en
« marmottant : « *Ils n'ont pas encore assez*
« *faim.* »

Nous avons vu Caserio pleurer en pensant
au sort de ses compagnons de misère de la
Lombardie.

Mais la plus grande preuve de cet immense
altruisme, nous l'avons dans les discours tenus
avant et après leur condamnation, par les derniers anarchistes condamnés à mort, discours
pleins d'un fanatisme sincère et qui certes ne
pouvaient prédisposer en leur faveur ni le gouvernement ni les jurés. C'est le fruit du plus
pur enthousiasme : la preuve en est dans la
forme même, qui va presque jusqu'à l'éloquence, car le fanatisme rend orateurs même
les hommes plus ignorants.

On connaît le discours de Ravachol, voleur
et assassin.

« Si je prends la parole, ce n'est pas pour me
« disculper des actes dont on m'accuse, parce
« que seule la société, qui par son organisa-

« tion met les hommes en lutte continuelle les
« uns contre les autres, en est responsable ; en
« effet, ne voit-on pas aujourd’hui dans toutes
« les classes des personnes qui désirent, je ne
« dirai pas la mort, parce que cela sonne mal
« à l’oreille, mais le malheur de leurs sembla-
« bles, si ce dernier peut leur être avanta-
« geux ? Un patron ne fait-il pas des vœux pour
« que son concurrent disparaisse, et en général
« tous les commerçants ne voudraient-ils pas
« être seuls dans leur branche de commerce ?
« Et l’ouvrier sans travail ne souhaite-t-il pas,
« pour en avoir, que pour un motif quelconque
« celui qui est occupé soit renvoyé de l’atelier ?

« Eh bien, dans une société ou de tels
« faits se produisent, on ne doit pas être sur-
» pris de voir des actes du genre de ceux qu’on
« me reproche et qui ne sont que la consé-
« quence logique de la lutte pour l’existence
« que se font les hommes, forcés, pour vivre,
« à employer tous les moyens. Puisque c’est
« chacun pour soi, et que, étreint par la néces-
« sité, on n’a pas le temps de réfléchir, lorsque
« j’ai eu faim, je n’ai pas hésité à employer les
« moyens qui étaient à ma disposition, au risque
« de faire des victimes.

« Les patrons qui renvoient leurs ouvriers,
« s'inquiètent-ils si ces derniers mourront de
« faim ? Il y en a qui donnent des secours, mais
« ils sont impuissants à soulager tous ceux qui
« sont dans le besoin, et qui mourront prématu-
« rément à la suite de privations de toutes sortes,
« ou volontairement par le suicide pour mettre
« un terme à une existence misérable et n'avoir
« plus à supporter la faim, les hontes, les innom-
« brables humiliations sans espoir de les voir
« finir.

« Ainsi ont fait la famille Hayem et la femme
« Souhens qui donna la mort à ses enfants pour
« ne plus les voir souffrir. C'est ainsi que tant
« de femmes, par peur de ne pouvoir nourrir
« leur enfant, n'hésitent pas à compromettre
« leur santé et à risquer leur propre vie en dé-
« truisant dans leur sein le fruit de leur amour.

« Et tout cela arrive en France, où règne
« l'abondance, où les boucheries sont remplies
« de viande, les boulangeries de pain ; où les
« vêtements et les chaussures sont amassés
« dans les magasins, où il y a des apparte-
« ments vides. Comment admettre que tout va
« bien dans la société quand le contraire se
« voit si clairement ?

« On rencontre des gens qui pleurent ces vic-
« times; mais ils se diront que ce n'est pas de
« leur faute, et que chacun doit se débrouiller
« comme il peut. Mais que peut faire celui qui
« manque du nécessaire ? S'il n'a plus de tra-
« vail, il n'a qu'à se laisser mourir de faim. On
« jettera quelques mots de pitié sur son cadavre
« et tout sera fini. Or j'ai voulu laisser à d'autres
« ce sort, et j'ai préféré me faire contreban-
« dier, faux monnayeur, voleur et assassin. J'au-
« rais pu mendier, mais c'est dégradant et vil ;
« et encore cela est puni par vos lois, qui font
« un délit de la misère.

« Si tous les besogneux, au lieu d'attendre,
« prenaient où il trouvent, par n'importe quel
« moyen, les satisfaits comprendraient peut-
« être plus tôt qu'il est dangereux de vouloir
« conserver l'état social actuel, dans lequel
« l'inquiétude est continuelle et la vie menacée
« à chaque instant. On finirait par comprendre
« plus tôt que les anarchistes ont raison quand
« ils disent que pour avoir la tranquillité mo-
« rale et physique, il faut détruire les causes
« qui engendrent les délits et les délinquants,
« et non supprimer celui qui, plutôt que de
« mourir d'une mort lente par les privations,

« préfére — s'il a un peu d'énergie — prendre
« violemment ce qui peut lui assurer le bien-
« être, même au risque de sa vie.

« Voilà pourquoi j'ai commis les actes qu'on
« me reproche. Ils sont la conséquence de
« l'état barbare d'une société qui ne fait qu'aug-
« menter le nombre des victimes avec la rigueur
« de ses lois, qui sévissent contre les effets,
« sans jamais toucher aux causes.

« On dit qu'il faut être cruel pour donner la
« mort à son semblable ; mais ceux qui parlent
« ainsi ne pensent pas que l'on ne prend ce
« parti que pour l'éviter soi-même. Et vous-
« mêmes, Messieurs les jurés, qui certaine-
« ment me condamnerez à mort, parce que
« vous croyez que c'est nécessaire et que ma
« disparition sera une satisfaction pour vous
« qui avez horreur de voir couler le sang, vous
« mêmes, quand vous croirez utile de le ver-
« ser, pas plus que moi vous n'hésiterez à le
« faire : avec cette différence que vous le ferez
« sans courir aucun risque, tandis que j'ai, moi,
« agi au risque et au péril de ma liberté et de
« ma vie.

« Eh bien ! Messieurs, il n'y a plus de criminels
« à juger, mais des causes de délit à supprimer.

« En créant les articles du code, les législa-
« teurs ont oublié qu'ils n'attaquaient pas les
« causes, mais les effets seulement ; les causes
« persistant toujours, les effets en dériveront
« toujours aussi. Il y aura toujours des cri-
« minels ; si aujourd'hui vous en supprimez
« un, demain il en naîtra dix.

« Que faut-il faire alors ? Détruire la misère,
« ce germe du crime, en assurant à chacun
« la satisfaction de tous ses besoins. Et comme
« ce serait facile à réaliser ! Il suffirait d'établir
« une société sur de nouvelles bases, et dans
« laquelle tout serait en commun, produisant
« chacun selon ses aptitudes et ses forces, et
« consommant selon ses besoins.

« On ne verra plus alors des gens mendier un
« métal dont ils deviennent ensuite les esclaves,
« on ne verra plus les femmes céder leurs
« grâces comme une vulgaire marchandise, en
« échange de ce même métal, qui si souvent
« nous empêche de reconnaître si l'affection
« est sincère ; on ne verra plus des hommes
« comme Pranzini, Prado, Anastay et autres,
« qui, toujours pour avoir ce même métal, en
« arrivent à donner la mort. Cela démontre que
« la cause de tous les crimes est toujours la

« même, et il faut être insensé pour ne point
« le voir.

« Oui, je le répète, c'est la société qui fait
« les malfaiteurs ; et vous jurés, au lieu de les
« frapper, vous devriez employer votre intelli-
« gence à réformer la société. Du coup vous
« supprimeriez les délits, et votre œuvre, s'ad-
« ressant aux causes, serait plus grande que ne
« l'est votre justice, qui se rabaisse en punis-
« sant les effets.

« Je ne suis qu'un ouvrier sans instruction,
« mais j'ai vécu de la vie des miséreux, et je
« sens l'iniquité de vos lois répressives. Où
« prenez-vous le droit de tuer un homme qui,
« mis au monde avec la nécessité de vivre, s'est
« vu dans la nécessité de prendre ce qui lui
« manquait pour se nourrir ?

« J'ai travaillé pour vivre et faire vivre les
« miens, et, tant que les miens et moi n'avons
« pas trop souffert, je suis resté ce que vous
« appelez honnête. Puis le travail a manqué et
« la faim est venue. C'est alors que cette
« grande loi de la nature, cette voix impé-
« rieuse qui n'admet pas de réplique, l'instinct
« de la conservation, m'a poussé à commettre
« les délits que vous me reprochez, et dont

« je me reconnais l'auteur. Jugez-moi, Mes-
« sieurs les jurés ; mais, si vous m'avez com-
« pris, en me jugeant vous jugez tous les mal-
« heureux dont la misère, alliée à la fierté
« naturelle, a fait des criminels, et dont la
« richesse ou seulement l'aisance aurait fait
« des hommes comme tous les autres. »

Ici la passion politique se mêle à l'impulsion
criminelle ; c'est le criminel né qui cherche par
ce moyen à justifier ses méfaits. Mais chez
Herry vous trouvez déjà la passion pure avec
un sens moral assez bien conservé.

Écoutez-le :

« Les débats vous ont démontré que je me
« reconnais l'auteur responsable de ces faits.
« Ce n'est donc pas une défense que je veux
« vous présenter. Je ne cherche aucun moyen
« d'échapper aux représailles de la société que
« j'ai attaquée, parce que je ne reconnais
« qu'un seul tribunal : ma conscience. Le ver-
« dict de n'importe quel autre tribunal m'est
« indifférent.

« Je ne veux que vous donner l'explication
« de mes actes, et vous dire comment je fus
« conduit à les accomplir.

« Je ne suis anarchiste que depuis peu. Ce

« n'est qu'à partir de 1891 que je me suis lancé
« dans le mouvement révolutionnaire. Avant,
« j'avais vécu dans des milieux entièrement
« imbus de la morale actuelle. J'avais été habitué
« à respecter et même à aimer la patrie, la fa-
« mille, l'autorité et la propriété. Mais les édu-
« cateurs de la génération actuelle oublient
« fréquemment une chose, c'est que la vie,
« avec ses luttes et ses souffrances, avec ses
« injustices et ses iniquités, se charge d'ouvrir
« les yeux des ignorants sur la réalité. C'est
« ce qui m'est arrivé comme à tout le monde.

« On m'avait dit que la vie était facile et
« largement ouverte à toutes les intelligences
« et à toutes les énergies, et l'expérience
« m'a montré que seuls les cyniques et les ram-
« pants peuvent se faire une place au banquet.

« On m'avait dit que les institutions sociales
« étaient basées sur la justice et sur l'égalité,
« et je n'ai constaté autour de moi que men-
« songe et fourberie.

« Chaque jour m'enlevait une illusion. Par-
« tout où j'allais, j'étais témoin des mêmes dou-
« leurs auprès des uns, des mêmes jouissances
« auprès des autres. Je ne tardai donc pas à
« comprendre que les grands mots qu'on

« m'avait appris à vénérer : honneur, dévo-
« tion, devoir, n'étaient qu'un masque voilant
« les plus honteuses turpitudes.

« L'industriel qui réalise une fortune colos-
« sale sur le travail de ses ouvriers, qui man-
« quent de tout, était une personne honnête.

« Le député, le ministre, dont les mains sont
« toujours prêtes à recevoir les pots-de-vin
« étaient des personnes dévouées au bien pu-
« blic.

« L'officier qui expérimentait le fusil nou-
« veau modèle sur des enfants de sept ans,
« avait fait son devoir, et en plein Parlement
« le Président du Conseil lui adressait ses féli-
« citations.

« Tout ce que j'ai vu m'a révolté, et mon
« esprit fut induit à la critique de l'organisa-
« tion sociale. Cette critique a été faite trop
« souvent pour que je la répète. Il me suffira
« de dire que je suis devenu l'ennemi d'une
« société que je jugeai criminelle.

« Pour un instant, je fus attiré par le socia-
« lisme, mais je ne tardai pas à m'éloigner de
« ce parti. J'avais trop d'amour pour la liberté,
« trop de respect pour l'initiative individuelle,
« trop de répugnance pour l'incorporation

« pour prendre un numéro dans l'armée ma-
« triculée du quatrième Etat.

« Dans la lutte, j'ai porté une haine profonde,
« tous les jours ravivée par le spectacle ré-
« pugnant de cette société, où tout est bas,
« tout est louche, tout est malpropre, où tout
« entrave l'expansion des passions humaines,
« les tendances généreuses du cœur, le libre
« vol de la pensée. J'ai pourtant voulu, autant
« que je le pouvais, frapper fort et justement.

« De tous côtés on épiait, on perquisitionnait,
« on arrêtait à la merci de la police. Une foule
« d'individus étaient arrachés à leur famille
« et jetés en prison. Que devenaient les femmes
« et les enfants des camarades tandis qu'ils
« étaient en prison ?

« L'anarchiste n'était plus un homme, c'était
« une bête fauve à laquelle on faisait la chasse
« de tous côtés et dont la presse bourgeoise,
« vile esclave de la force, demandait sur tous
« les tons l'extermination.

« En même temps, les brochures et les jour-
« naux de notre parti étaient séquestrés, le
« droit de réunion nous était interdit.

« Eh bien ! puisque vous rendez tout un parti
« responsable de l'action d'un homme, et que

« vous cherchez à le frapper en bloc, nous
« aussi nous frappons dans la masse.

« Devons-nous attaquer seulement les dé-
« putés qui font les lois, les magistrats qui les
« appliquent et les policiers qui nous arrêtent?
« Je ne le crois pas. Tous ces hommes ne sont
« que des instruments, ils n'agissent pas en leur
« propre nom, mais ils ont été institués par la
« bourgeoisie, pour sa défense, donc ils ne
« sont pas plus coupables que les autres.

« Les bons bourgeois qui, tout en n'étant
« revêtus d'aucune charge spéciale, touchent
« les dividendes produits par le travail des ou-
« vriers, doivent aussi avoir leur part de repré-
« sailles.

« Dans cette guerre sans pitié que nous
« avons déclarée à la bourgeoisie, nous ne de-
« mandons aucune pitié.

« Nous donnons la mort et savons la subir :
« c'est pourquoi j'attends votre verdict avec
« indifférence. Je sais que ma tête ne sera pas
« la dernière que vous couperez, car les meurt-
« de-faim commencent à connaître le chemin
« qui conduit au « Terminus » et au « restau-
« rant Foyot » ; vous ajouterez d'autres noms
« à la liste sanglante de nos morts.

« Pendus à Chicago, décapités en Allemagne,
« garrottés à Xérès, fusillés à Barcelone, guil-
« lotinés à Montbrison et à Paris, nos morts
« sont nombreux, mais vous n'avez pas pu
« détruire l'anarchie. Ses racines sont pro-
« fondes : elle est née au sein d'une société
« pourrie, qui s'affaisse, elle est une réaction
« violente contre l'ordre établi, elle représente
« les aspirations d'égalité et de liberté qui
« viennent battre en brèche l'autoritarisme
« actuel. Elle est partout; c'est ce qui la rend
« indomptable, et elle finira par vous vaincre
« et par vous tuer. »

Ces paroles rappellent par leur beauté celles
de la moribonde nihiliste de Russie que nous
avons rapportées plus haut, et qui démontrent
la passion pure qui prédomine sur toutes les
autres. Il en est de même pour les dernières
paroles de Vaillant :

« Il y a trop longtemps qu'à nos voix vous
« répondez par les cordes et par les guillotines :
« ne vous illusionnez point, l'explosion de mes
« bombes ne traduit pas seulement le cri du
« rebelle Vaillant, mais le cri de toute une
« classe, qui revendique ses droits et qui sous
« peu joindra les actes aux paroles. »

Pour expliquer cette contradiction de deux sentiments opposés, l'altruisme et la cruauté, qui ressort si bien chez Vaillant, chez Henry et chez leurs prédécesseurs, il faut se rappeler ce qui se passe chez les hystériques, dont Vaillant fait certainement partie.

La perte de l'activité est un des symptômes de l'hystérie; on rencontre encore dans cette maladie, à côté d'un égoïsme exagéré, des tendances à un altruisme excessif, qui nous montrent que ce dernier n'est souvent qu'une variété de folie morale.

« On trouve des femmes, écrit Legrand du Saule (1), qui s'associent bruyamment à toutes les bonnes œuvres de leur paroisse ; elles quêtent pour les pauvres, travaillent pour les orphelins, visitent les malades, sollicitent ardemment la charité des autres et font un grand nombre d'œuvres charitables, négligeant leurs maris, leurs enfants et leur intérieur.

« Ces femmes pratiquent une bienfaisance pleine d'ostentation et de forfanterie, elles créent une œuvre de charité avec la même ardeur que les chevaliers d'industrie lancent une

____

(1) *L'Hystérie,* 1880.

affaire financière à dividendes hyperboliques.

« Ces femmes vont, viennent, se multiplient, ont des inspirations d'une délicatesse infinie, pensent à tout au milieu des deuils et des catastrophes publiques et affectent en rougissant de ne pas recevoir les tributs d'admiration des affligés reconnaissants ou des spectateurs attendris. Quand une famille est frappée dans son honneur, dans ses espérances, dans sa fortune, dans son bonheur, l'hystérique charitable a des élans surprenants et des spontanéités touchantes.

« L'hystérique charitable peut accomplir des traits de courage qui sont cités et répétés jusqu'à devenir légendaires. Dans un incendie, elle pourra se montrer sublime, sauvant un infirme, un vieillard, un enfant ; dans une insurrection, elle saura s'opposer seule à une troupe der évoltés ; dans les inondations, elle déploiera une bravoure extraordinaire.

« Si, le lendemain de l'incendie, de l'insurrection ou de l'inondation, nous interrogeons ou nous examinons ces héroïnes, nous les voyons complètement abattues et nous dire candidement : « Je ne sais pas comment j'ai pu agir ainsi, je n'avais pas conscience du danger. »

Le sacrifice est devenu pour ces malades un besoin, une occasion de se rendre utiles, et ce sont sans aucun doute les mêmes causes pathologiques qui font éclore chez elles toutes ces vertus, comme dans d'autres cas elles les poussent à l'escroquerie et à la calomnie ; c'est pourquoi ces malades sont à la fois saintes et criminelles. Un altruisme exagéré se retrouve chez les plus purs criminels. On sait qu'il n'y a pas d'hommes pires que les grands philanthropes ; au contraire nombre de criminels ont présenté des traits de charité vraiment singuliers, ont risqué la vie et la liberté par exemple pour sauver un petit chat, un oiseau, un enfant, parfois le même jour où ils avaient commis un assassinat. Cela est dû à ce que notre moral comme nos nerfs est sujet à la loi des contrastes : une fois la bonté épuisée, on incline vers la méchanceté ; une fois la cruauté satisfaite, on incline vers la bonté, de même que la rétine fatiguée du rouge voit du vert, et vice versa. Qu'on ajoute que chez beaucoup d'individus la criminalité consiste spécialement dans l'impulsivité, dans l'explosion violente qui pousse à une action donnée : cette action presque toujours criminelle et violente, peut naître chez des individus qui ne sont pas toujours portés au mal, comme par exemple chez l'épileptique qui, en dehors de l'accès, peut être un modèle de bonté.

De plus, les véritables cruels, se sentant anormaux et comme en dehors de l'orbite de l'humanité, sont heureux d'y rentrer, au moins pour un instant, en donnant à leurs mauvais instincts le vernis de l'altruisme.

Il n'est pas rare enfin de voir la tendance criminelle prendre le masque des tendances révolutionnaires ; ces dernières, outre qu'elles satisfont les instincts impulsifs, donnent un vernis de générosité, une sorte d'*alibi moral* aux crimes qui relèvent du délit commun, et elles offrent aux criminels un moyen d'acquérir quelque influence même sur les honnêtes gens tout en donnant un aliment naturel à leur excessive vanité. C'est peut-être encore pour cela qu'on rencontre en beaucoup de cas une honnêteté relative dans le délit même. C'est ainsi qu'Engel et Flegger volent pour la cause anarchiste et ne gardent rien pour eux.

Ce qui explique aussi cette contradiction apparente ; c'est que, lorsqu'un certain nombre de personnes s'associent pour commettre un délit politique, soit dans un but altruiste, soit pour être utile à leur parti ou à la cause commune, il arrive précisément le contraire de ce qui se passe dans les associations criminelles ordinaires : dans la conscience des auteurs et même du public, le délit perd de sa gravité parce que « péché de tous, péché de personne », ou bien que dans l'esprit public le but altruiste justifie les moyens déshonnêtes.

Dans l'esprit des gens, une action cesse de prêter à la critique lorsqu'elle ne s'exerce plus directement : par exemple, demander l'aumône, un subside quelconque pour une tierce personne ne devient plus un acte aussi avilissant et ne suscite plus le mépris chez le public, bien qu'au fond l'acte soit à peu près le même qu'une aumône directe. Cette sorte de mendicité passe même en certains cas pour une œuvre méritoire.

Ainsi s'explique comment des gens qui ne sont pas nés méchants commettent des méfaits, surtout lorsqu'on songe à quel point d'aveuglement peut mener le fanatisme. C'est ainsi qu'on comprend que les Inquisiteurs, qui appliquaient la torture, pouvaient être au fond des gens pieux et honnêtes, tout en pratiquant des actes dignes des pires assassins.

Desjardins fait justement remarquer que chez beaucoup de personnes la bonté pousse au délit parce que, croyant tous les hommes bons, ils ont une sorte de droit de frapper ceux qui, étant méchants, font du tort à l'humanité (Reclus et Kropotkine ont soutenu contre mes théories que les sauvages eux-mêmes sont bons et honnêtes).

« Nous finissons par en exécrer quelques-uns à force d'aimer », écrit Randon (*Revue anarchiste*, 15 nov. 1895).

Si Caserio, comme on l'affirme, a dit au moment de son exécution : « Mon acte n'a été qu'un acte politique », il nous a donné là une nouvelle preuve que le crime politique est envisagé par ces gens sous un tout autre aspect que ne l'envisage la masse ; la passion fait retourner l'homme à l'état primitif, où l'on considérait la vengeance comme un droit et un devoir ; tous les crimes en général ne sont dès lors que des actes (en latin *facinus* dérive de *facere*, et *crimen* de *cri-faire* en sanscrit).

D'ailleurs, l'éducation classique y a énormément contribué en élevant au titre de héros les sanguinaires vengeurs politiques : Brutus, Timoléon, Aristogiton, etc.

Quand le fanatisme se greffe sur la cruauté

et apparaît chez le criminel-né, il est naturel qu'il prenne les teintes les plus sanglantes ; teintes qui se conservent, je dirais presque professionnellement dans la suite, chez ceux qui n'étaient pas de véritables criminels, mais des passionnés.

On s'étonnera peut-être qu'une idée aussi peu logique, aussi absurde que l'idée anarchiste ait pu fanatiser tant d'hommes. Mais nous avons déjà fait remarquer, que si l'idée est erronée, les causes sociales qui lui ont donné naissance ont en partie leur raison d'être. D'un autre côté, ce ne sont jamais les idées justes, les idées admises par la majorité qui éveillent le fanatisme. Ce sont presque toujours les idées les plus discutées et les moins sûres, qui laissent le champ libre à l'enthousiasme des fanatiques.

Vous trouverez cent fanatisés pour un problème de théologie ou de métaphysique : vous n'en trouverez point pour un théorème de géométrie. Plus une idée est étrange et absurde, plus elle entraîne derrière elle, d'aliénés, de mattoïdes et d'hystériques, surtout dans le monde politique où chaque triomphe privé devient un échec ou un triomphe public, et soutient jusqu'à la mort les fanatiques à qui elle sert de compensation pour la vie qu'ils perdent ou les supplices qu'ils endurent.

O combien ceux qui inventent toujours de nouvelles peines pour ces gens-là ignorent l'histoire et la psychologie humaine !

Mais, dira-t-on, si ces étranges altruistes sont tous des aliénés ou des fanatiques, comment se fait-il que leurs œuvres portent l'empreinte d'une préméditation sérieuse, d'un véritable plan stratégique, etc.?

Il est facile d'y répondre. Les plans stratégiques, les complots, sont des rêves de polices impuissantes.

Le complot peut être composé tout au plus de cinq ou six personnes, car les fous et les passionnés n'ont jamais de complice, mais leur œuvre porte le stigmate de la perversion. C'est ce qui apparaît nettement dans le choix qu'ils font de ces féroces moyens d'attaque, contre des citoyens sans défense qu'ils ne connaissent même pas comme le firent Léauthier et Vaillant. Et quelle preuve de perversion morale plus grande que celle de croire qu'ils font du bien en tuant ?

« La plus grande majorité des anarchistes, écrit Burdeau, appartient à la famille des *assas-*

sins philanthropes. » — « C'est par amour des hommes, ajoute Burdeau, qu'ils les tuént follement ! »

Et leur plus grande folie est celle de prétendre tuer les autres sans être tués eux-mêmes, et de crier vengeance chaque fois que leurs victimes leur appliquent la loi du talion et que leurs atroces moyens se retournent contre eux.

CHAPITRE IX

A l'altruisme qui les caractérise, il faut encore ajouter chez tous ces passionnés politiques le manque de misonéisme. Le misonéisme étant propre à tous les hommes en général, il y a lieu de se demander pourquoi on ne le rencontre pas chez des gens d'un caractère intellectuel relativement peu développé.

Hamon a fait des recherches à ce sujet dans le milieu des anarchistes et a essayé de relever les causes qui les avaient amenés à embrasser ces doctrines. Le plus grand nombre lui répondit que c'était inné chez eux ; d'autres y avaient été conduits par des faits personnels ou par les lectures spéciales.

« J'ai souffert de la misère, écrit Vogt, un ouvrier de vingt-quatre ans, je suis resté sept jours sans manger, l'esprit de révolte *s'est révélé en moi.* »

« Ayant été battu à l'école communale, dit un autre, je me révoltai en fuyant. »

« J'ai lu Victor Hugo, confesse un troisième, et mon esprit sentait naître l'esprit de révolte à chaque expression nouvelle. »

En lisant Vallès on voit de suite cet esprit de rébellion qui s'élève même contre sa mère, ses autres parents, etc.

D'ailleurs, chez le plus grand nombre, cet esprit est congénital et héréditaire. Il naît sans causes déterminantes. « Déjà tout enfant (déclare un quatrième), j'avais horreur du maître d'école et du patron ; chaque fois qu'on me commandait quelque chose, l'envie me prenait de ne pas le faire ; au collège, j'ai toujours été un modèle d'indiscipline. » Ces paroles sont de Bernard Lazare, l'écrivain anarchiste.

Un cinquième dit : « J'ai été chassé de tous les collèges parce que je les bouleversais.

« Mon père était un novateur, et au collège je ne pouvais travailler qu'aux sujets qui me plaisaient. »

Henry était le fils d'un farouche communard, comme Padlewsky était frère, neveu et petit-neveu de rebelles.

Cette néophilie provient de leur névrose

même. J'ai démontré longuement, et plusieurs fois dans mes ouvrages, que, tandis que les hommes en général ont la haine du nouveau, les aliénés, les mattoïdes et les fous moraux ou criminels-nés ont pour toute novation une attraction spéciale qui, étant donné leur défaut de culture intellectuelle et leur maladie, se manifeste en inutiles bizarreries, en étranges et cruelles originalités (1).

Néron, le type le plus complet de fou moral que signale l'histoire, eut çà et là quelque velléité, et même de véritables aptitudes artistiques pour le chant et pour la sculpture.

Comme le remarquent Hammerling et Cassa, il apportait un véritable goût artistique, une originalité, une sorte de néophilie dans le crime ; l'incendie de Rome est le gigantesque caprice d'un poète inspiré par l'*Iliade*. La néophilie, la recherche du nouveau, entra pour une grande part dans ses crimes ; par exemple cette idée bizarre de vouloir chercher dans les viscères de la femme aimée la cause de sa sympathie.

Beaucoup de ses délires érotiques signalés par l'histoire sont de son invention (il faisait déguiser des hommes en animaux en laissant

(1) *Homme criminel*, vol. II.

sortir leurs organes sexuels). Il avait peut-être raison, lorsqu'à sa mort il s'écria que Rome perdait en lui un grand artiste.

Le criminel est surtout, par sa nature impulsive et par haine des institutions qui l'ont frappé et qui l'entravent, un rebelle politique chez qui l'esprit de révolte est perpétuellement à l'état latent, qui trouve dans les émeutes le moyen de déchaîner ses passions et espère les voir pour une fois approuvées même par un grand public.

J'ai montré, dans mes *Palimpsestes de la prison*, que le besoin de l'innovation, le mécontentement politique des criminels-nés a un point de départ dans leur individualité. « L'Italie est libre et nous sommes ici. — Boulanger les fera tous sauter. — Le riche vole le pauvre : le pauvre vole le riche ; s'il prend davantage, c'est pour les intérêts. »

Il est certain que ces gens-là, inspirés peut-être par leur passion, voient mieux et plus justement que la moyenne des gens honnêtes, les défauts des gouvernants qui nous dirigent ; ce mode différent de sentir s'ajoute au besoin de révolte pour les pousser aux premiers rangs dans les rébellions.

Dans ces mêmes *Palimpsestes*, à côté de leur
perversité, des méfaits et des tendances violentes, on trouve souvent associée une génialité
qui ne se rencontre pas chez l'homme normal ;
sans doute ces sortes de criminels acquièrent
par leur dégénérescence une irritation corticale
qui manque chez l'homme moyen.

On sent le génie dans la célèbre chanson de
Verlaine qui décrit une cour pleine de criminels.

> La cour se fleurit de souci
> comme le front
> de tous ceux-ci
> qui vont en rond,
> En flageolant sur leur fémur
> débilité
> le long du mur
> fou de clarté.
>
> Tournez Samsons sans Dalila,
> sans Philistins,
> tournez bien la
> Meule au destin.
> Vaincu risible de la loi,
> mouds tour à tour
> ton cœur, ta foi
> et ton Amour.
>
> Ils vont, et leurs pauvres souliers
> font un bruit sec
> humiliés,
> la pipe au bec,

> Pas un mot, ou bien au cachot,
>   pas un soupir !
>   Il fait si chaud
>   qu'on croit mourir.
>
> J'en suis de ce cirque effaré,
>   soumis d'ailleurs .
>   et préparé
>   à tout malheur.
> Et pourquoi, si j'ai contristé
>   ton vœu têtu,
>   Société,
>   me choierais-tu ?
>
> Allons frères, bon vieux voleurs,
>   doux vagabonds,
>   filoux en fleurs,
>   mes chers bons,
> fumons philosophiquement,
>   promenons-nous
>   paisiblement.
>   Rien faire est doux.

La satire suivante adressée au gouvernement italien est assez juste :

« O code pénal, pourquoi punis-tu l'escroquerie de peines si sévères pendant que le libre Gouvernement d'Italie avec l'immoral jeu du *lotto* est maître en escroquerie ? »

A noter aussi un de leurs épigrammes démontrant les inconvénients de *l'archaïsme* de notre éducation moderne et où se reconnaîtraient bon nombre de nos ministres de l'Instruction publique qui nous rivent à la chaîne des classiques (1).

Même les paroles de cette basse prostituée qui s'adresse à ses futurs clients et leur vante sa luxure sont pleines d'une puissance et d'une nouveauté vraiment étranges.

Ce sont là des lueurs fugaces, mais qui confirment l'existence de ce contraste dans les tendances, dont l'homme bien équilibré, critique très habile, mais peu créateur, est complètement incapable.

C'est parce que, chez les déséquilibrés, l'anomalie organique prépare un terrain d'où le misonéisme, ce caractère de l'homme honnête, est presque complètement effacé.

Ils haïssent l'état de choses présent, parce qu'ils croient que c'est l'organisation de tel ou tel gouvernement, et non l'ordre naturel, qui leur met des freins et les punit.

Qu'on ajoute que, plus impulsifs que les autres, ils sont plus enclins à l'action et trouvent un prétexte en se rangeant sous la bannière d'une doctrine nouvelle qui leur permet de donner libre cours à leurs instincts.

D'ailleurs, il est facile à l'anarchiste de se

(1) Palimpcestes.

défaire du misonéisme naturel à l'homme. Ses doctrines sont souvent un retour à l'ancien état de choses, et chez lui l'amour du nouveau se fond en réalité avec celui de l'antique. Pour beaucoup, cela est d'autant plus facile, que l'espoir de la misère abolie et l'intérêt personnel entrent aussi en jeu. Or l'homme est enclin à trouver vrai tout ce qui sert ses intérêts.

Le fait est du reste notoire. Déjà les philosophes grecs avaient remarqué ce phénomène. Socrate a écrit que les rébellions dérivent de ce que rien ne dure ici-bas, et qu'à époques fixes (qu'il fixait au moyen de formules géométriques peu sérieuses, comme le fit depuis Ferrari) naissent des hommes vicieux et radicalement incorrigibles : « Cela est vrai, parce qu'il y a toujours des hommes incapables de devenir vertueux et de recevoir aucune éducation. Mais pourquoi, demande-t-il, ces révolutions auraient-elles lieu dans un État parfait ? »

CHAPITRE X

AUTRES INFLUENCES : MÉTÉORIQUES, ETHNIQUES, ÉCONOMIQUES

Les influences organiques individuelles ne doivent pas nous faire oublier des influences plus générales, comme les actions extérieures. La topographie et l'étude chronologique des révoltes et insurrections depuis quatre siècles en Europe me démontre d'une façon péremptoire que c'est pendant les saisons chaudes et dans les pays chauds que se trouvent le plus grand nombre de mouvements insurrectionnels (1).

Saisons. — Dans une statistique mensuelle très minutieuse que je résume ici, j'ai noté :

	Printemps	Eté	Automne	Hiver
TEMPS ANCIENS.	31	44	29	20
MOYEN AGE	14	28	18	16

(1) V. *Crime politique et Révolutions*, de Lombroso et Laschi, 1ʳᵉ partie, 1890.

Temps modernes :	Printemps	Eté	Automne	Hiver
Amérique	76	92	54	61
Europe :				
Espagne.	23	38	18	20
Italie	27	29	14	18
Portugal	7	12	4	6
Turquie d'Europe . . .	9	11	5	3
Grèce	6	7	3	3
France.	16	20	15	10
Belgique et Pays-Bas . .	7	8	6	2
Suisse	6	5	3	10
Bosnie, Herz, Serbie et Bulg.	7	3	1	4
Irlande.	6	3	3	3
Angleterre et Ecosse. . .	5	9	5	4
Allemagne.	7	11	4	3
Autriche-Hongrie . . .	3	6	7	2
Suède, Norvège, Danemark .	4	4	2	2
Pologne.	6	1	2	1
Russie d'Europe. . . .	3	0	2	1
Total pour l'Europe . .	142	167	94	92
Total général	263	331	195	189

On voit par là que l'été tient le premier rang
dans les deux hémisphères ; le printemps vient
toujours avant l'automne, et l'hiver pour les rébellions comme pour les simples délits politiques, à cause peut-être des premières chaleurs,
mais aussi par le manque de provisions ; l'automne et l'hiver diffèrent peu.

Si après l'ensemble de l'Europe nous envisageons chaque nation en particulier, nous trouvons encore, sauf de rares exceptions, que le

nombre des mouvements révolutionnaires est plus grand dans les mois de chaleurs.

Neuf nations, parmi lesquelles toutes celles du Sud, fournissent en été leur plus fort contingent ; dans cinq autres, parmi celles de l'extrême nord, c'est le printemps qui prédomine ; l'automne dans l'Autriche-Hongrie seulement, et l'hiver seulement en Suisse.

Si nous passons aux proportions fournies pour chaque mois en Italie, Espagne, Portugal, France, c'est juillet qui l'emporte ; en Allemagne, en Turquie, en Angleterre et en Ecosse, c'est le mois d'août ; août et mars en Grèce ; mars en Irlande, Suède, Norwège et Danemark ; janvier en Suisse, septembre en Belgique et Pays-Bas ; avril en Russie et Pologne, et enfin mai en Bosnie, Herzégovine, Serbie, Bulgarie. Comme on le voit, l'influence des mois chauds semble plus grande dans les pays du Sud.

Géographie du délit politique. — On trouve une autre preuve de l'influence du climat dans la distribution géographique, des émeutes, en Europe de 1791 à 1880, comme je le démontre dans la planche III de mon *Crime politique*.

Il apparaît d'une façon évidente que le nombre des séditions augmente du nord au sud parallèlement à la chaleur. En effet, la Grèce vient en tête avec 95 pour 10 millions d'habitants ; la Russie donne le minimum, 0,8. Les plus faibles proportions sont fournies par les pays du Nord : Angleterre, Écosse, Allemagne, Pologne, Suède, Norwège et Danemark ; tandis que les plus grandes se rencontrent dans les régions méridionales, Portugal, Espagne, Turquie d'Europe, Italie méridionale et centrale ; les proportions moyennes se rencontrent précisément dans les régions centrales.

D'un coup d'œil d'ensemble, nous trouvons :

Europe du Nord, 12 révolutions pour 10 millions d'habitants.

Europe centrale, 25 révolutions pour 10 millions d'habitants.

Europe méridionale, 56 révolutions pour 10 millions d'habitants.

On trouve, il est vrai, deux exceptions notables : la Suisse et l'Irlande, qui présentent des révolutions en rapport contradictoire avec la position géographique.

En Suisse, il faut l'attribuer à la multiplicité de ses gouvernements cantonaux et aux fréquents changements de constitution (de 1830 à 1879, en effet, il y eut cent-quinze revisions des

constitutions cantonales et trois de constitutions
fédérales ; de 1830 à 1869, vingt-sept revisions
successives transformèrent peu à peu le gouvernement d'aristocratie en démocratie ; de 1862
à 1866, enfin, il fallut passer par soixante-six
revisions pour arriver au gouvernement populaire direct plébiscitaire actuel) (*Revue des
Deux Mondes* 1886).

Pour l'Irlande, il faut invoquer ses tristes
conditions politiques et sociales ; car, en dehors
de la révolution, il ne lui restait, comme l'a si
bien dit Tarde, que l'émigration ou le suicide.
Gladstone a démontré combien devront être
radicales les réformes pour y guérir des plaies
qui sont en même temps ethniques, sociales
et économiques.

En Russie, les conspirations nihilistes nous
démontrent aussi que, lorsque les questions
sociales deviennent impérieuses, l'influence
climatérique passe au second rang, sauf plus tard
à reprendre sa place.

De plus, il est utile de rappeler que le climat
de l'Irlande est grandement adouci par la chaleur bienfaisante que lui apporte le Gulfstream,
de sorte que par sa température hivernale
de $+5°$ c. elle se trouve sur la même ligne iso-

therme que la Bretagne, le midi de la France, la région italienne de l'Apennin septentrional et la Dalmatie.

Aussi pour le suicide trouve-t-on, en effet, des proportions égales pour chacun de ces pays (1).

Montagnes. — Signalons aussi l'influence orographique. Une étude sur l'Europe m'a démontré qu'en règle générale, le montagnard est plus rebelle et plus apte à l'émancipation que l'habitant de la plaine.

C'est ainsi qu'on a vu des populations, entourées de voisins indolents et serviles, apporter dans leurs luttes une énergie singulière, comme les habitants du Thibet, les Afghans contre les Chinois. On a vu les Afghans, et surtout les montagnards Yousoufs, devenir de véritables conquérants, sobres, honnêtes et fiers de leur indépendance à côté de leurs voisins indolents les Indous.

Selon Hérodote, Cyrus ne permit pas aux Persans d'abandonner les montagnes natales, grâce auxquelles, pensait-il, ils avaient conservé leur heureuse indépendance.

On peut dire que les principaux efforts pour

____

(1) Morselli, *Il Suicidio.* Bibliothèque internationale, pp. 102 et 103 ; Milan, fratelli Dumolard, 1872.

la liberté et les dernières résistances à l'asservissement se sont toujours observés chez les habitants des montagnes. Tels les Samnites, les Marses, les Ligures, les Brutiens contre les Romains; les Asturiens contre les Goths et les Sarrasins; les Albanais, les Transylvains, les Druses, les Maronites, les Maïniens (1) contre les Turcs; les Tlascaliens, les Chiliens en Amérique, les montagnards de Schwitz-Uri et de Unterwald contre l'Autriche et la Bourgogne.

En France, c'est dans les Cévennes, dans la Valteline et à Pignerol en Italie, que naquirent, malgré les dragonnades et les supplices de l'Inquisition, les premiers efforts en faveur de la liberté religieuse. Les Illyriens restèrent indépendants des Grecs leurs voisins; ils résistèrent longtemps aux Macédoniens et finirent par reconquérir leur indépendance après la mort d'Alexandre.

Il en a été de même, plus récemment, des peuples du Caucase.

En Angleterre, dans la région montagneuse des pays de Galles, il a été difficile d'établir la

(1) Ce sont les Maïniens du mont Taigète (Sparte), qui les premiers proclamèrent l'indépendance. (Gervinus, *Indépendance de la Grèce*, 1864.)

domination d'un seul chef, et plus encore de faire reconnaître celle du pouvoir central.

Selon Plutarque, Athènes, après la sédition de Cylon, se divisa en trois partis, selon la configuration géographique du pays : les habitants de la montagne voulaient un gouvernement populaire, ceux de la plaine un gouvernement oligarchique et les riverains de la mer demandaient un gouvernement mixte.

Lieux de concentration. — Les points convergents des vallées sont aussi les points de convergence des populations qui suivent la route que leur tracent leurs besoins politiques, moraux et industriels. C'est là aussi que se rencontrent le plus de novateurs et de révolutionnaires. Milan doit certainement à sa situation géographique le développement commercial plus florissant et les tendances plus libérales, plus larges, de ses habitants. En effet, toutes les grandes vallées des Alpes septentrionales lombardes et piémontaises convergent sur Milan plus que partout ailleurs ; val d'Aoste, de Bielle Valsesia, val d'Ossola, vallée du Tessin, Valteline, etc., les lignes de chemin de fer par suite y convergent aussi. Il en est de même pour Bologne.

La Pologne a peut-être dû l'avancement précoce de sa civilisation et plus tard ses malheurs à sa position de coin et de pont entre les Slaves, les Allemands et les Bysantins.

Toutes les grandes civilisations ont débuté à l'embouchure des grands fleuves : Nil, Gange, fleuve Jaune, Tigre, Euphrate.

Sur le littoral, les ports les plus accessibles ont eu une influence semblable. La Grèce et tout spécialement Athènes et l'Italie par leur position méditerranéenne se sont trouvées dans des conditions qui leur permirent de bénéficier les premières de l'évolution des autres peuples : Phéniciens, Égyptiens, Indiens. Elles purent s'assimiler tous leurs progrès et recevoir plus facilement la greffe de races si féconde à leur développement, comme nous le verrons plus loin.

En France, ce sont les départements situés le long des grands fleuves (Seine, Rhône, Loire, Gironde) ou ayant de grands ports qui ont fourni le plus fort contingent de suffrages révolutionnaires.

Dans *l'Homme de Génie*, j'ai démontré que le taux de la génialité est supérieur dans les villes maritimes : Gênes, Naples, Venise.

Salubrité. — La salubrité et la fertilité des

tèrres ont aussi une grande influence, comme je l'ai établi en Italie, par de nombreuses statistiques. Elles apportent un développement salutaire au développement de la génialité.

C'est grâce à elles que Florence, Athènes, Genève, ont été des cités novatrices et rebelles. Les Romagnes et la Ligurie, les régions les plus salubres d'Italie, ont toujours tenu le premier rang par le nombre des révolutionnaires et des génies (1).

En France, le parallélisme est plus net encore : on y rencontre, dans 75 départements sur 86, contemporairement la prédominance du génie, des hautes tailles et des partis anti-monarchistes.

Races. — L'influence ethnique entre aussi en ligne de compte. L'étude des votes et des révovolutions en France a montré que les départements où les races Ligure ou Gauloise prédominent ont fourni le maximum de rebelles ; ceux à race Ibérique et Cimbrique ont donné des résultats inverses. On trouve des pays comme Arlon et Livourne dont la tendance constante à la rébellion est notoire.

(1) Lombroso, *l'Homme de génie*, 2ᵉ éd. 1896.

Greffe. — Une action ethnique plus nette se rencontre dans la greffe d'une race sur une autre, qui peut les faire devenir toutes deux plus aptes au progrès. C'est un phénomène qui se rapproche de celui découvert dans le monde végétal par Darwin, suivant lequel la fertilisation, même dans les plantes hermaphrodites, doit être croisée ; c'est aussi conforme à la loi de Romanes, suivant laquelle la variation spontanée serait la cause première de l'évolution.

Nous en avons un exemple chez les Ioniens, qui, tout en étant voisins des Doriens, ont été révolutionnaires et donnèrent de plus grands génies (Athènes) parce que, mêlés de bonne heure avec les Lydiens et les Perses, dans les colonies de l'Asie Mineure et dans leurs îles, ils subirent un double croisement de race et de climat.

De même les Japonais, qui à l'origine étaient inférieurs aux Chinois, dont ils ne possèdent ni l'esprit commercial et financier ni l'extraordinaire activité, se montrent aujourd'hui bien plus aptes à l'évolution et aux révolutions. En peu de temps ils ont adopté l'habillement, les instruments, les chemins de fer, les universités et presque la forme de Gouvernement de l'Europe (1). Cela tient indubitablement à un apport considérable de sang malais. Les Chinois, au contraire, qui appartiennent à une race jaune supérieure mais pure de tout mélange, sont restés stationnaires.

La greffe germanique, d'autant plus vivace qu'elle était à l'état naissant, explique le développement intellectuel rapide de la Pologne, qui grandit en si peu de temps au milieu des autres Slaves restés sauvages, et alors même que ces Allemands qui leur avaient apporté les premiers germes de la civilisation (2) ne s'étaient pas encore développés. Ce phénomène explique aussi les nombreuses rébellions qui eurent lieu dans ce pays.

La greffe climatique et ethnique des indigènes et des différents colons européens dans les Républiques espagnoles expliquent leur plus grande activité dans le commerce, leur plus

---

(1) Lanessan, *l'Évolution des peuples de l'Extrême-Orient,* 1888.

(2) Il semble que la greffe germanique s'y était faite même à des époques préhistoriques ; on trouve dans les sépultures préhistoriques de la Pologne, de la Prusse, comme à Volinie, des crânes dolichocéphales orthognates avec des caractères germaniques (*Diction. d'anthropologie*).

grande aptitude aux études, mais aussi leur plus grande tendance aux rébellions.

L'Espagne n'a ni un Rancos-Méjas, ni un Roca, ni un Mitre, ni un Drago, etc.

C'est sans doute à l'apport de sang germanique que la Franche-Comté a pu donner (et surtout dans ces derniers temps) un nombre remarquable de grands révolutionnaires novateurs (Nodier, Fourier, Proudhon, Cuvier) (1).

Le Sicilien a une plus grande tendance à la révolution que le Napolitain de race plus pure. C'est ce qu'on observe surtout à Palerme, où le mélange de sang normand et sarrasin a été plus intense. Trieste, où le sang slave se mélange au sang latin et au sang germain, nous donne une proportion élevée de hautes intelligences (Lastig, Tanzi, Revere, Fortis, Ascoli, Beisso, Tedeschi).

Fautes des gouvernements. — Un gouvernement qui néglige le bien-être public, et où les gens honnêtes sont poursuivis, est cause de révoltes et de révolutions. Les persécutions y changent les idées en sentiments (Machiavel).

Benjamin Francklin, à la veille de la révolu-

(1) *Revue des Deux Mondes,* 1882.

tion américaine, dans un opuscule intitulé :
Règles pour faire un petit empire d'un grand,
résume de la façon suivante les causes qui en
effet entraînèrent son pays à la révolution.

« Voulez-vous, écrivait-il, s'adressant à la
métropole, irriter vos colonies, les pousser à la
révolte ? Voici un moyen infaillible : Supposez-
les toujours disposées à la révolte, et traitez-les
en conséquence ; imposez-leur des soldats qui
par leur insolence les provoquent à la rébellion
et la répriment ensuite avec des balles et des
baïonnettes : »

Dans un pays où les réformes politiques
vont de pair avec les aspirations du peuple,
il n'y a pas d'émeutes, comme le prouvait
l'Italie avant Crispi. Alors, quoique imparfait,
le régime marquait toutefois un progrès indis-
cutable sur ceux qui l'avaient précédé ; toutefois le désir de l'unification politique et légis-
lative poussé trop loin, semble ne pas avoir
tenu assez compte des différences de climat
et de coutumes des différentes régions (1).

Aujourd'hui qu'un dictateur nous a presque
supprimé tout gouvernement constitutionnel,
les conspirations et les émeutes fourmillent.

(1) Lombroso, *Tre Tribuni*, 1887 ; Troppo presto, 1889.

En France, un régime qui ne favorisait que
les classes élevées, comme celui des d'Or-
léans, a multiplié les révoltes et les délits politiques, qui disparurent au contraire sous le
gouvernement césaréo-démocratique de Napoléon III, qui réconfortait le peuple par le
faste et par les essais de réformes sociales.
Cela ressort de la statistique portant sur
les accusations pour causes de délits politiques de 1826 à 1880 (y compris les délits de
presse) ; on remarquera en effet que c'est sous
l'empire (1851-1870) que les procès politiques
ont été le moins nombreux :

MOYENNE ANNUELLE	PROCÈS CONTRADICTOIRE	PAR DÉFAUT
1826-30	13	284
1831-35	90	406
1836-40	13	63
1841-45	4	41
1846-50	9	271
1851-55	4	—
1856-60	1	—
1861-65	1	—
1866-70	1	—
1871-75	10	64
1876-80	—	6
TOTAUX..........	146	1135

Pour la Sicile, en l'espèce, la race plus mélangée, plus novatrice et plus nombreuse, l'influence du climat plus chaud, les fautes continuelles du gouvernement central, auxquelles s'ajoutèrent les exactions communales et provinciales, tout cela nous explique pourquoi le mécontentement fut plus vif que partout ailleurs, sans avoir besoin pour cela de recourir aux explications puériles d'une conspiration russe et française (1).

Le caractère rebelle et génial des Romagnols (*Romagna tua non fu mai senza guerra* : la Romagne ne fut jamais sans guerre), peut aussi nous aider à comprendre l'explosion de l'anarchie (2) à Mappa, Carrare et Livourne.

(1) V. *Délit politique et Révolutions*, 1896.

(2) Livourne (V. N. Magri et A. Sautelli, *Lo stato antico e moderno di Livorno*) a été peuplée par les *Liburni*, peuples de l'Illyrie, fondateurs des *Galeotte liburne* et pirates fameux qui, étant venus pirater dans la mer de Toscane où se trouvait l'ancien temple de *Labron* y fondèrent une station ou abri.

CHAPITRE XI .

PROPHYLAXIE

Pour guérir ces plaies anarchistes, il n'y a, selon certains hommes d'État, que la pendaison et la prison.

Pour moi, je trouve juste en effet que l'on prenne des mesures énergiques contre les anarchistes. Cependant il ne faut pas aller jusqu'à prendre des mesures qui ne sont que le résultat de réactions momentanées, devenant aussi impulsives que les causes qui les ont produites, et à leur tour une source de nouvelles violences.

Par exemple, je ne suis pas un adversaire absolu de la peine de mort, du moins quand il s'agit de criminels-nés, dont l'existence est un danger continuel pour les honnêtes gens : ainsi, je n'aurais pas hésité à condamner Pini et Ravachol. D'un autre côté, je crois que la peine capitale, ou des peines graves, ou

seulement infamantes, ne conviennent pas pour
les crimes et les délits des anarchistes en général. D'abord, beaucoup d'entre eux sont des
aliénés, et pour ceux-là, c'est l'asile et non
la mort ou les galères qui convient. Il faut
aussi tenir compte, chez certains de ces criminels, de leur grand altruisme qui les rend
dignes de certains égards. Beaucoup de ces
gens-là sont des dévoyés, des hystériques,
comme Vaillant et Henry, qui, engagés dans
une autre voie, loin de devenir un danger, auraient pu se rendre utiles dans cette société
qu'ils voulaient détruire. On sait que Louise
Michel, à la Nouvelle-Calédonie, était appelée
l'*ange rouge*, tant elle se montrait bonne et mé-
ritante auprès des malades et des malheureux.

Quant aux suicides indirects, n'est-ce pas les
encourager et leur faire atteindre le but qu'ils
désirent que d'infliger à tous ces prédisposés
une mort à grand spectacle, qui ne peut que servir de réclame à nos ennemis.

Pour beaucoup de criminels par passion,
déséquilibrés par une éducation insuffisante, et
dont le sentiment est exalté soit par leur propre
misère, soit à la vue de celle des autres, nous
n'appliquerions pas non plus la peine de

mort si le mobile a été exclusivement politique (1), parce qu'ils sont beaucoup moins
dangereux que les criminels-nés.

Il faut aussi considérer que ce sont tous des
jeunes : Langs a 20 ans, Schwabe 23 ans,
Caserio 24, etc., et que c'est à cet âge qu'on a
le plus d'audace et de fanatisme, sentiments
qui se modèrent plus tard. En Russie, disait un
homme d'État, il n'y a pas un honnête homme
qui, modéré à 40 ans, n'ait été nihiliste à 20 ans.

Et puis, on n'étouffe pas une idée avec la
mort de ses auteurs ; souvent, au contraire,
elle gagne à l'auréole du martyre ; si elle est
stérile, elle tombera d'elle-même. Du reste, de
même qu'on ne peut pendant sa vie porter un
jugement définitif sur un homme, de même une
génération ne peut, durant son éphémère existence, juger avec certitude de la fausseté d'une
idée ; et elle a d'autant moins le droit, par conséquent, d'appliquer à ses fauteurs une peine
aussi radicale que la mort.

Leur suppression, du reste, ne pourrait prétendre qu'à empêcher de fatales récidives
pour quelques douzaines de criminels endurcis.

_____

(1) Ferri, *Sociologie criminelle*, 1893.

Mais la punition, loin d'être un palliatif au fanatisme et à la névropathie des autres, les exalte au contraire en excitant leur aberration altruiste et leur soif du martyre.

Ravachol n'était pas encore mort que déjà on avait fait de Ravachol un demi-dieu, un vrai dieu même, et qu'on avait créé nombre d'hymnes à Ravachol. Au lieu de la *Marseillaise*, on chantait *la Ravachole*. Dubois (O. C.), qui nous en fait part, note que l'anarchie fit les plus grands progrès dans les milieux où il y eut des procès et des répressions violentes qui furent, par eux-mêmes, une cause de propagande. Par exemple : à Roanne, Vienne, Grenoble, Saint-Étienne, Nîmes, Bourg, Fourmies, l'anarchie a fait son apparition après les répressions sanguinaires des grèves. A Paris, à Barcelone, les dernières condamnations des anarchistes qui bombardèrent le théâtre et qui attentèrent au général Campos, furent suivies de crimes identiques et même pires. Et récemment encore eut lieu le déplorable attentat de Caserio sur Carnot, qui fut pourtant l'un des hommes d'État les plus intègres et les plus aimés.

Et pourtant la France ne peut pas se reprocher d'avoir été faible envers les anarchistes; mais au crescendo des répressions répondit le crescendo des attentats; tandis qu'en Angleterre et en Suisse, où aucune pénalité spéciale n'existe contre les anarchistes, l'anarchie est paralysée et n'y a presque jamais causé de grands dommages.

La Russie, depuis longtemps, nous fournit sur une grande échelle la preuve de l'inutilité des lois d'exception ; elle a usé de la répression à outrance, édicté des peines terribles (la mort lente et sourde dans les mines et dans les charniers de la Sibérie), et cependant chaque répression est suivie par de nouveaux et de plus violents attentats.

« Il n'y a pas, écrit un de nos plus fins pen-
« seurs, G. Ferrero (*la Riforma sociale*, 1894,
« p. 986), d'aliment plus puissant aux ten-
« dances révolutionnaires, que ces martyro-
« loges légendaires qui suscitent l'exaltation
« d'une quantité d'illusionnés, de fanatiques, de
« suggestionnables, dont notre société pullule,
« et qui sont toujours un élément important dans
« tous les mouvements révolutionnaires.

« Dans toute société, il existe une quantité
« de gens qui éprouvent le besoin d'admirer le
« martyre, de s'enthousiasmer pour lui, quel-

« quefois même de le subir. C'est pour eux une
« jouissance d'être persécutés, de se croire
« victimes de l'arrogance et de la perversité
« des hommes. Ils choisissent, parmi les partis
« politiques, ceux qui offrent le plus de périls,
« comme certains alpinistes choisissent, pour
« leurs ascensions la montagne qui offre les
« plus profonds précipices et les cimes les plus
« inaccessibles. Pour tous ces gens, il n'y a pas
« d'excitant meilleur à leurs tendances anar-
« chistes, que les persécutions bruyantes aux-
« quelles on les soumet. Or rien n'est plus dan-
« gereux que d'offrir à la fantaisie de tous ces
« gens un cadavre de supplicié. Vaillant sup-
« plicié devient un martyr ; sa tombe devient
« un lieu de pèlerinage continuel ; la légende
« commence, croît, fleurit, alimentée par cette
« pluie de sang qui a toujours été l'aliment le
« plus important de la légende.

« ... On avait cru avec la guillotine trancher
« les sept têtes de l'hydre anarchiste ; et voici
« qu'au contraire, l'anarchie, au lieu de fléchir
« sous les coups de la loi et de la mise à l'index,
« non seulement prend une vigueur nouvelle,
« mais encore améliore de beaucoup le type de
« ses héros. Cette purification, pour l'appeler

« ainsi, est en effet un des aspects les moins
« communément observés, mais les plus impor-
« tants, des terribles faits de ces temps. Le pre-
» mier héros de l'anarchie, en ces dernières
« années, a été Ravachol, un type de criminel-
« né, féroce, sanguinaire, tuant pour voler,
« une véritable bête humaine, qui déchaînait
« dans la politique ses tendances criminelles.
« Après lui vint Vaillant, qui, sans être imma-
« culé, était bien meilleur que le premier ; il
« avait commis des escroqueries et des vols,
« mais n'avait jamais assassiné. Vient ensuite
« Henry, jeune homme un peu déséquilibré et
« bizarre, mais d'une conduite sans tache, qui
« réussit, par son discours aux assises, à
« impressionner même ses ennemis les plus
« acharnés, tant il y avait en lui de sincère et
« profonde conviction. Le dernier, Caserio, est
« sans aucun doute un fanatique honnête, qui
« n'a jamais commis de délit de droit commun,
« qui était incapable d'en commettre, et que
« seul l'aveuglement de la passion politique a
« porté à faire ce qu'il a fait. Après un an et
« demi de répression énergique, le Gouverne-
« ment français, et tous les Gouvernements
« d'Europe se trouvent en face de ce résultat

« merveilleux et vraiment consolant : l'anar-
« chie, après avoir tout d'abord eu comme
« héros les candidats aux galères, voit aujour-
« d'hui venir à elle des individus honnêtes, mais
« fanatisés, et qu'un esprit de sacrifice exagéré
« pousse à la mort avec la résolution inébran-
« lable des anciens martyrs.

« Bien plus, à mesure qu'elle se purifie,
« l'anarchie devient plus audacieuse. Après
« avoir cru l'épouvanter avec la guillotine, cet
« instrument qui semble être devenu le dernier
« talisman des sociétés modernes, les légis-
« lateurs doivent être étonnés de constater
« qu'elle en arrive à attaquer de plus en plus
« la société de front et au grand jour, bravant
« tous les obstacles qu'ils lui opposent.

« De Ravachol, qui posait ses bombes en
« cachette et fuyait, en s'assurant le temps de
« la fuite, nous sommes passés à Vaillant, à
« Henry qui jettent personnellement leurs
« bombes, l'un dans un café, l'autre au Parle-
« ment, au milieu d'une foule, avec la certi-
« tude presque absolue d'être vus et arrêtés,
« nous sommes passés à Caserio qui s'est servi
« du poignard au milieu d'une foule immense,
« dans des conditions où même la plus faible

« lueur d'espoir d'échapper à la mort ne pou-
« vait lui rester.

« En somme, de l'homme qui commet un
« attentat, pour ainsi dire anonyme, nous en
« sommes arrivés à l'homme qui, froidement,
« vend sa vie pour celle d'un homme qu'il hait
« et commet l'attentat sachant d'avance que sa
« tête est dès ce moment perdue.

« Ces phénomènes douloureux, qui étonnent
« si fort les hommes d'État empiriques et su-
« perficiels, sont loin de surprendre celui qui
« connaît un peu les hommes et l'histoire. Cette
« purification de l'anarchie n'est que la consé-
« quence de la persécution. On comprend, en
« effet, facilement pourquoi les premiers atten-
« tats ont été commis par un criminel de droit
« commun comme Ravachol, et non par un de
« ces fanatiques honnêtes, parmi lesquels se
« recrutent les anarchistes d'à présent. Je sais
« que la morale politique et la morale indivi-
« duelle sont souvent en désaccord, et il arrive
« souvent, comme j'ai essayé de le démontrer
« dans un précédent article, qu'un homme hon-
« nête finisse par commettre, dans un but poli-
« tique, des actes délictueux. Mais comment
« admettre que, sans une provocation directe et

« violente, des personnes bonnes au fond aient
« pu se décider tranquillement à commettre une
« série d'attentats aussi sauvages que cruels,
« comme ceux dont la France a été le théâtre
« en ces derniers temps? L'idée ne pouvait être
« tout d'abord que le caprice barbare d'une
« imagination de criminel-né, qui, de sang-
« froid, sous prétexte de persécutions assez
« anodines contre ses camarades, mais en réa-
« lité poussé par une perversité innée, a voulu
« s'amuser à faire sauter la maison de quelques
« magistrats, et qui, ayant pris goût au jeu, a
« continué jusqu'à ce qu'il fût pris. Vinrent
« alors les persécutions vraies, les lois d'excep-
« tion édictées spécialement contre eux, les
« exécutions répétées; on créa la légende du
« martyre anarchiste, et tout cela fut suffi-
« sant pour pousser dans la voie des attentats
« les fanatiques honnêtes du parti. Sans cette
« cause, ces derniers n'auraient pas bougé.

« Mais, lorsqu'ils ont commencé à voir leurs
« compagnons emprisonnés par centaines, leurs
« journaux séquestrés, quelque tête d'ami rou-
« lant dans le panier de la guillottine, ils ont dû
« sentir s'exalter, en eux, ces sentiments d'al-
« truisme et de solidarité politique, plus déve-

« loppés dans les partis extrêmes et chez les
« fanatiques honnêtes. Il faut songer que Vail-
« lant, Henry, tous les anarchistes emprisonnés,
« avaient et ont dans leur parti des amis fidèles,
« chez lesquels la communauté de vie, d'idées,
« les dangers communs, le fanatisme, portent
« l'amitié à un degré d'intensité que nous nous
« représentons difficilement ; il faut songer que
« les persécutions contre leurs amis excitent
« chez eux la même colère et la même indigna-
« tion qu'exciterait, par exemple, en Europe,
« dans le monde savant, la nouvelle que le
« czar vient d'envoyer en Sibérie quelque grand
« penseur pour le crime d'avoir fait des décou-
« vertes ; il faut songer enfin qu'ils voient leurs
« amis persécutés, précisément parce qu'ils
« défendent ces idées dont ils sont enthou-
« siastes et que cette communauté d'idées,
« plus que toute autre cause, cimente leur ami-
« tié. On comprendra alors sans peine qu'aus-
« sitôt la persécution commencée, le type
« de « l'attentateur » se soit amendé et que dès
« lors les criminels se soient trouvés des fana-
« tiques honnêtes au sentiment de solidarité
« plus développé et qui, par déséquilibre moral,
« éprouvaient davantage l'esprit de sacrifice. »

En connexion avec ce qui précède, il faut encore citer un autre fait : l'exaltation dans le courage. En effet, plus l'*attentateur* est fanatique et honnête, plus les conséquences de son acte le laissent indifférent ; il aura même la soif du sacrifice, et il commettra son délit à n'importe quel prix. Un dynamiteur comme Ravachol qui agit par perversité cherche à s'assurer la fuite, et, s'il se fait prendre une fois, c'est par légèreté.

Un dynamiteur fanatique, passionné, comme Henry, ou un régicide comme Caserio, savent d'avance, lorsqu'ils commettent leur attentat, qu'ils courent à une mort certaine. Aussi ne cherchent-ils pas à se sauver et se soucient-ils peu de leur sécurité personnelle.

C'est une loi historique, d'une fatalité absolue, que la violence appelle la violence, et les faits récents n'en sont que la douloureuse confirmation. Qu'on observe ce qui se passe en petit en Italie, et on aura un résumé de ce qui se passe en grand en France et en Espagne. Ainsi, M. Crispi semble avoir la spécialité des attentats ; en peu d'années, il en a subi deux, tandis que les autres hommes politiques italiens n'en eurent jamais. Personne n'a jamais, par exem-

ple, songé à attenter à la vie de Depretis.
Quelle est la raison de cette différence? C'est
que Crispi est, de tous les hommes d'État
d'Italie, celui qui préconise le plus la violence
pour résoudre les questions sociales. C'est justement le meilleur moyen d'inciter inconsciem-
ment des ennemis à en faire autant et à diriger
toutes leurs tendances de ce côté. Depretis,
qui préférait se servir de la ruse et de l'habileté, n'a jamais suscité contre lui de propos
violents, pas plus que les hommes qui n'ont pas
employé la force, comme Cavour, Gladstone
et en général tous les hommes d'État anglais,
qui cherchent, dans les rapports de politique
intérieure, à agir le plus possible par la force
morale. Le même fait s'est vu en France, où
les propos violents du parti anarchiste redou-
blèrent d'intensité lorsque le gouvernement
commença à appliquer la force sous toutes ses
formes comme système de répression, et il
n'arriva qu'à éveiller l'esprit de révolte encore à l'état latent. On pourrait objecter, il est
vrai, que les gouvernements français et espa-
gnol ont été eux-mêmes poussés à la répression
par les procédés et les violences des anarchistes. Mais on devrait songer que dans ces

luttes, c'est le Gouvernement, c'est la classe la plus élevée, la plus riche, la plus puissante, qui devrait donner l'exemple de la raison, du calme et du sang-froid, sans recourir aveuglément, dès que le péril se montre, à la terreur et à la guillotine, qui créent les martyrs et suscitent dans les partis qu'on voudrait détruire l'esprit de lutte et de résistance.

La répression violente a encore le tort d'enorgueillir les anarchistes, de leur faire croire qu'ils pèsent d'un certain poids dans les destinées des peuples et de prédisposer en leur faveur les classes élevées, dont la répugnance est le meilleur aliment à leur fureur. Ce qui ressort le plus de ces crimes chez les criminels par passion et par occasion, c'est chez leurs auteurs une inadaptation — que j'appellerai *spécifique* — à la forme de gouvernement sous laquelle ils vivent et contre laquelle ils s'insurgent. Le criminel ordinaire est non seulement incapable de s'adapter au milieu social ambiant de la nation où il est né, mais encore se montre réfractaire dans toutes les nations qui sont parvenues à un degré de civilisation à peu près semblable.

D'où on peut conclure que, si les criminels

ordinaires doivent être éliminés de tout le monde civilisé, il suffirait que les criminels politiques fussent enlevés au milieu juridique et social de la nation auquel ils ne peuvent s'adapter.

L'exil et, dans les cas graves, la déportation, sont donc indiqués comme peines suffisantes à cette espèce de criminels.

Et j'ai proposé (1) pour ces criminels politiques purs (exception faite des aliénés et des criminels-nés) que ces peines soient toujours temporaires et révocables tous les cinq ans sur un vote parlementaire, car il peut arriver (comme cela s'est vu pour les blasphémateurs et les athées) qu'avant l'expiation de la peine, l'opinion publique se soit modifiée sur l'appréciation de leurs actes jusqu'à leur enlever tout caractère criminel.

C'est pour cela que notre école, quoique contraire au jury pour les crimes de droit commun, l'admet expressément pour les crimes politiques. Dans ce dernier cas, en effet, le jury est le seul moyen d'analyse qui permette de reconnaître si ces délits sont ou ne sont pas considérés comme crimes par l'opinion publique du moment.

_____

(1) *Délit politique,* 4e partie.

D'autre part, l'envoi à l'asile des épileptiques et des hystériques serait une mesure pratique surtout en France, où le ridicule tue. On vénère les martyrs et on rit des fous ; un homme ridicule n'est jamais dangereux.

Les mesures internationales sont inutiles parce que les anarchistes n'ont pas un vrai centre où l'on puisse les frapper. Tous les jours les polices ingénues croient en trouver un qui disparaît à leur approche. Et c'est tout naturel, le principe anarchiste étant l'exagération de l'individualisme, la négation de toute dépendance. Du reste il y a des pays qui, par la douceur de leurs lois, sont moins frappés par l'anarchie, ou dans lesquels elle n'a pas prise, parce qu'ils sont trop bien gouvernés pour qu'elle y puisse s'enraciner. Ces pays ne s'associeraient pas aux pays infestés pour prendre des mesures draconiennes qui les déshonoreraient et qui feraient peut-être naître des périls qu'ils ont su éviter.

Tous, cependant, pourraient s'accorder pour quelques mesures non violentes et communes. Telles seraient la photographie générale de tous les adeptes de l'anarchie militante, l'obligation internationale de signaler les déplacements des personnages les plus dangereux, l'envoi aux asiles de tous les épileptiques monomanes et des mattoïdes taxés d'anarchisme — mesure beaucoup plus sérieuse qu'on ne le croirait tout d'abord — la séquestration perpétuelle, si possible, dans les îles lointaines d'Océanie, des individus les plus dangereux, dès qu'ils auront commis un grave délit de droit commun : la démonstration sous forme populaire et anecdotique, répandue par milliers d'exemplaires, de leurs utopies, la liberté laissée aux populations de manifester contre eux leur antipathie, de façon à développer ainsi une véritable légende antianarchiste dans les milieux qu'ils cherchent le plus à entraîner.

Mais toutes ces mesures sont de celles qu'un médecin appellerait momentanées, palliatives, pour ne pas parler des mesures absurdes qui rappellent la maxime : *Videbis quam parva sapientia regitur mundus.*

Lois sur la presse. — « Que penser, répéte-
« rai-je avec Ferrero, des récentes lois ita-
« liennes sur la presse ? Entre autres fautes, on
« y a grossièrement confondu les anarchistes
« avec les socialistes : les anarchistes n'ont
« pas de presse, et, s'ils en avaient une, ils ne

« s'en serviraient pas ; aussi, croyant frapper
« les uns, on a en réalité frappé leurs ennemis
« les plus sérieux. »

« ... Tous ceux qui ont observé de près le
« mouvement anarchiste savent très bien que
« les plus grands centres de production de
« livres anarchistes sont à l'étranger ; que c'est
« de l'étranger qu'arrivent presque tous les
« journaux et les brochures de propagande
« qu'ils distribuent. Cette loi ne peut donc
« guère épouvanter les anarchistes, pour le
« moment du moins.

« La loi serait tout aussi vaine si les anar-
« chistes avaient en Italie une presse floris-
« sante. La presse est jusqu'à un certain point
« un dérivatif et un paratonnerre ; parce que
« plus les anarchistes pourront écrire et impri-
« mer, moins ils agiront, et moins ils cherche-
« ront par des attentats bruyants un débouché
« à leurs passions politiques. J'en ai trouvé la
« preuve dans une phrase très simple d'une
« lettre que Caserio avait écrite de France à
« un de ses amis : « Quant à la propagande, dit-
« il, ici en France elle marche très bien, mais
« par l'action seulement, étant donné que le
« prétendu Gouvernement républicain libéral a

« prohibé la publication des journaux anar-
« chistes, a séquestré tout l'argent, toutes les
« correspondances. » Le journal, du reste, a
« contribué puissamment à mitiger notre vie
« politique, en substituant les articles injurieux
« aux coups et aux blessures que les partis
« rivaux échangeaient jadis entre eux ; et au-
« jourd'hui encore peut-être, bien des gens,
« même ceux qui appartiennent au parti conser-
« vateur, en arriveraient aux violences s'ils ne
« pouvaient apaiser leur colère contre leurs
« ennemis politiques en écrivant ou en faisant
« écrire. Pourquoi n'en serait-il pas de même
« des anarchistes ? Il est même très regrettable
« que le parti anarchiste n'ait pas encore une
« littérature et une presse régulière, comme
« les autres partis. Ainsi, à Livourne, si les
« anarchistes avaient eu un journal régulier,
« s'ils avaient pris l'habitude de se servir de la
« presse, ils se seraient peut-être contentés de
« faire une polémique virulente et n'auraient
« pas poignardé un journaliste de leurs adver-
« saires.

« On objectera que la presse anarchiste doit
« être réprimée énergiquement parce qu'elle
« répand la contagion des idées et des théories.

« Mais il saute aux yeux qu'il serait naïf de croire
« la chose possible ou même facile. « La presse
« est aujourd'hui un véritable Protée de la vie
« moderne ; elle est devenue un instrument si
« subtil, si agile, si puissant, que vouloir en
« régler la vie, pour un Gouvernement qui ne
« possède pas l'immense pouvoir coercitif du
« Gouvernement russe, c'est vouloir enchaîner
« le vent. D'ailleurs, même en admettant que
« la presse anarchiste fût tout entière sup-
« primée, la propagande continuerait quand
« même ; parce qu'actuellement, elle s'exerce
« bien plus par la parole qu'au moyen de la
« presse, comme toutes les propagandes qui
« s'adressent à un public ignorant et grossier. »

«... La violence est toujours immorale, même
quand elle a pour but de réprimer la violence. »
La marque des civilisations, et d'une société
vraiment supérieure, sera de ne pas opposer
la violence à la violence. Nous avons déjà un
léger aperçu de cette tendance qui sera le propre des civilisations futures, dans l'exemple que
nous donne aujourd'hui l'Angleterre. Là le Gouvernement donne souvent à son peuple l'exemple de la confiance dans la force morale, il sent
qu'il est de son devoir de ne point exciter les

instincts de brutalité qui couvent au fond de
tout esprit humain et de ne point répondre
par une répression à une émeute passagère des
masses.

« Quel profit pour l'Europe, si ce système de
douceur appliqué en Angleterre au traitement
des émeutes sporadiques, venait à être appliqué
à des maladies sociales plus chroniques, comme
les attentats anarchistes ! »

Religion. — On a souvent aussi parlé du
sentiment et de l'éducation religieuse comme
remède aux tendances anarchistes, et quoi qu'en
puissent penser les libres penseurs, si ces
moyens étaient vraiment efficaces, je compren-
drais que l'homme d'État eût le devoir d'y recourir et de s'attacher à les employer.

Malheureusement, ce sont des armes en grande
partie émoussées. Comme l'histoire l'a démontré, les Gouvernements despotiques qui se sont
servi du sabre et du prêtre pour se conserver au
pouvoir n'ont jamais réussi. C'est que le sentiment religieux ne s'impose pas par une loi,
comme un uniforme ou une taxe. Très efficace
en certains cas, il manque le but dès qu'il est
imposé. S'il est fondé sur la vérité et sur une entente solide, il s'effacera difficilement du cœur

des hommes; chassé par la porte, il rentrera par la fenêtre; mais, s'il ne s'appuie pas sur le vrai, si chaque progrès scientifique en doit ébranler les bases, alors, loin d'apporter un remède, c'est lui qui au contraire aura besoin d'aide et protection.

D'ailleurs le sentiment religieux est éteint chez les classes dirigeantes. Elles le confessent elles-mêmes. Or un sentiment qui n'existe plus parmi les Gouvernants ne peut pas se propager. Il est vrai qu'elles disent : Nous ne partageons pas ce sentiment, toutefois nous envisageons encore utile de le propager dans les classes inférieures. Mais nos gouvernants ne voient pas que les distances entre les classes ne sont plus aussi grandes qu'au temps des mystères d'Eleusis, où ces divergences dans les croyances pouvaient exister, et que de nos jours il est impossible de propager d'une façon efficace un sentiment qu'on ne ressent pas ; il n'y a plus un homme disposé à croire ce qu'il sait ne pas être cru par les classes élevées. Si l'indépendance de l'Amérique, de l'Italie, de la Hollande elle-même a été l'effet d'un saint enthousiasme, c'est qu'il n'était pas seulement partagé par les masses, les

classes élevées (moins chaudement peut-être)
y participèrent aussi. Essayez aujourd'hui de
prêcher une croisade, ayez tous les subsides du
gouvernement, vous n'entraînerez même pas
les moines.

Les religieux ne pourraient pas plus créer de
mouvement en rappelant les Communes de
Paris et d'Alcolea qui arboraient le drapeau de
l'irréligion et de l'athéisme, que les athées
n'entraîneraient d'adeptes en rappelant les
massacres des Albigeois, des Huguenots, les
dragonnades où la religion servit de manteau
aux basses passions et à des buts politiques.

Nous ne trouvons pas trace d'un pareil mode
d'agir chez les peuples qui ont donné Darwin
et Kant, Bentham et Spinoza. Dans ces pays,
l'utilitarisme et le positivisme sont établis sur des
bases solides. Ils ne surviennent pas seulement sous forme d'apparition brusque, d'aspirations mal définies, mal comprises des masses
(qui les adoptent bien plus par mode et pour
dépiter le gouvernement que par véritable conviction) ; chez eux, les sentiments utilitaires
ont au contraire solidement pénétré dans l'esprit de la masse. On peut déjà en constater
les solides résultats ; on en a eu un exemple dans

les jardins fröbeliens, les magasins coopératifs, les asiles de criminels, la laïcisation complète des études et, par-dessus tout, dans cette entière tolérance de toutes les opinions que ne comprendront jamais les exaltés et les sectaires.

Quant à l'idée religieuse, on pourra essayer de la propager, de la répandre d'une façon obligatoire, même. Mais il n'y a pas à se leurrer; devant le progrès moderne, devant le scepticisme croissant des races latines, son efficacité ne fera que s'affaiblir. Si elle n'a eu aucune efficacité après les terribles édits du concile de Trente, après la fameuse sainte Alliance du Trône et de l'Autel, comment pourrait-elle aujourd'hui en avoir auprès des neveux de Voltaire et des contemporains de Darwin?

Que penserions-nous de ceux qui croiraient que les *versets* de saint François peuvent apporter un remède aux besoins économiques toujours croissants et alimentés par le fanatisme? D'ailleurs, que dirait-on si, combattant les anarchistes au nom du Christ on venait justement vous opposer les paroles du grand Rédempteur qui nie la justice sur la terre et exalte les pauvres? si on venait vous citer les paroles des Grands de l'Eglise, de saint Thomas par exemple,

qui affirmait que l'unique droit est la religion,
qu'il y a trois cas où les lois sont injustes :
1° quand elles sont contraires au bien public ;
2° quand elles dépassent les droits du législateur ; 3° quand elles violent l'équitable réparti-
tion du bien-être ? Il va jusqu'à proclamer le
droit à l'insurrection contre un pouvoir qui
n'agirait pas en vue du bien commun et ne
donnerait pas au pauvre le superflu des riches.
Bien plus, lisez le Père Libérateur qui, dans son
Ethica, en arrive à la négation de la propriété
foncière et va jusqu'à conférer aux nécessiteux
une sorte de droit de prise qui rappelle un
peu le droit au pillage des anarchistes (1).

Les jésuites (2) eux-mêmes qui, personne ne
le niera, jouent un rôle incontesté dans l'armée
de l'Église, qui ont toujours été les représentants les plus purs du misonéisme, les jésuites qui
qualifient encore aujourd'hui le magnétisme de
diabolique, et Garibaldi d'infernal, qui soutiennent le droit divin des Rois alors que les Rois
eux-mêmes n'y croient plus, les jésuites se révol-

(1) Zablet, *le Crime social*, 1892.
(2) Les missions du Paraguay et les sectes religieuses des
anabaptistes étaient adversaires de la propriété individuelle. Le
premier communard a été Munzer. Le régicide a été prêché
comme un mérite dans beaucoup de publications des jésuites.

tèrent un jour contre les princes qui ne voulaient pas les suivre dans leur fanatisme misonéique rétrograde et se lancèrent dans le régicide.

C'est ainsi que trois jésuites furent exécutés en Angleterre, en 1551, pour une conjuration contre la vie d'Elisabeth, et deux autres en 1605 pour la conjuration des poudres. En France, le Père Guignard fut décapité pour crime de lèse-majesté contre Henri IV (1595).

Il en fut de même en Hollande pour les conjurations contre Maurice de Nassau (1598) et plus tard en Portugal après la tentative d'assassinat contre le roi Joseph (1757), dans laquelle trois d'entre eux furent impliqués; et en Espagne (1766) pour leur conspiration contre Ferdinand IV.

A la même époque, deux jésuites étaient pendus à Paris comme complices de l'attentat contre Louis XV.

Quand ils ne prenaient pas une part active aux crimes politiques, ils exerçaient indirectement leur action au moyen de toute une série d'ouvrages approuvant le régicide ou *tyrannicide*, comme ils se plaisent à le distinguer dans leurs livres. Mariana dans son livre *De Rege et Rege Constitutione*, loue Clément, et fait l'apo-

logie du régicide (1); et cela malgré que le
Concile de Constance eût condamné la maxime
d'après laquelle il était permis de tuer un tyran.

L'œuvre de Mariana fut dans la suite approu-
vée par Sola (*Tractus de legibus*), par Gretzer
(*Opera omnia*), par Becano (*Opuscula theologica
Summa Theologicæ scholasticæ*).

Déjà le Père Emanuel (*Aphorismi confes-
sariorum*), Grégoire de Valence (*Comment. Theo-
log.*), Keller (*Tyrannicidium*) et Suarez (*Defentio
fidei cathöl.*) soutiennent des idées semblables,
tandis que Azor (*Institut. moral.*), Lorin (*Comm.
in librum psalmorum*), Comitolo (*Responsa
morala*), etc., reconnaissaient chez tout individu
le droit de tuer le Prince pour sa propre défense (2).

(1) Étranges, les élucubrations de Mariana sur le meilleur
moyen de tuer un roi. « On discute, écrit-il, s'il convient mieux
se servir du poison ou du poignard. L'emploi du poison dans
les aliments a un grand avantage; il produit son effet sans expo-
ser la vie de celui qui a recours à ce moyen. Mais cette mort-
là serait un suicide, et il n'est pas permis de se faire le complice
d'un suicide; heureusement on peut s'en servir d'une autre
façon, en empoisonnant les habits, les chaises, le lit. C'est même
es moyen qu'il faut mettre en œuvre à l'exemple des Rois
Maures, qui, sous le prétexte d'honorer leurs rivaux par des
dons, leur envoient des vêtements imprégnés d'une substance
invisible, dont le contact seul est d'un effet mortel. » (Voir *Il
diritto della Rivoluzione* de G. Cimbali dans l'*Antologia giuri-
dicca*, 1886-87-88.)

(2) Gioberti, *Il Gesuita moderno*.

Évidemment, il faut tenir compte actuellement du crédit immense dont jouit encore le parti catholique. Grâce à son organisation, il se tient encore seul debout au milieu de tous les autres partis, qui se désagrègent sous le poids de leurs propres fautes, et il peut encore, à l'heure actuelle, peser d'un certain poids dans la balance sociale et politique. Toutefois il ne peut espérer résister longtemps; il disparaîtra à son tour comme ces coûteuses et puissantes armées sur lesquelles s'appuient, sous les prétextes les plus divers, tous les partis. Et tous s'évanouiront peu à peu sous l'ondée envahissante et fatalement victorieuse de l'opinion publique, contre laquelle rien ne peut, ni le prêtre, ni le sbire, ni le soldat.

Ajoutons d'ailleurs que cette puissante organisation de l'Église catholique, qui peut donner une vie passagère à la politique du moment, est à son tour un des plus grands obstacles à l'enthousiasme religieux, parce que le fanatisme y est étouffé par la discipline.

Mesures prophylactiques. — Il existe d'autres mesures, plus importantes, auxquelles il faut recourir.

L'unique palliatif contre les anarchistes, criminels par occasion, par misère, par contagion,

ou par passion, serait de remédier au malaise
chronique du pays, qui donne à l'anarchie sa
véritable base d'action. Il faut, dirait le médecin,
attaquer dans ses racines la dyscrasie générale,
d'où naît la maladie locale ; et à cela il faut
pourvoir d'urgence.

Avant tout, il faut changer les bases de notre
éducation, qui, par son admiration sans but
pratique pour le beau et pour la force, nous
conduit directement à la rébellion, à l'indiscipline, et, tout en créant un nombre incalculable
de déclassés, fait de la violence un idéal.

Je l'ai démontré longuement dans mon *Crime
politique*, en prenant comme point de départ les
hommes de 89.

Substituer le travail manuel, l'étude des
sciences positives et des langues vivantes, à la
prétentieuse et vide éducation classique sera
une soupape de sûreté contre l'anarchie, bien
supérieure à toutes les lois répressives auxquelles, seuls, ceux qui ignorent l'histoire
peuvent songer avec assurance.

L'autre mesure urgente serait d'établir un
équilibre économique.

Comme je l'ai démontré plus haut, nous avons
aujourd'hui un fanatisme économique, comme

jadis nous avions le fanatisme religieux, le fanatisme patriotique. Il est juste que nous donnions à ce fanatisme une soupape de sûreté, au moyen des remèdes économiques, comme nous avons donné aux fanatismes politiques les remèdes de la constitution, du parlementarisme, etc., et au fanatisme religieux la liberté de conscience et des cultes, etc.

Les remèdes les plus radicaux seraient ceux qui diminueraient la centralisation exagérée des propriétés, des richesses, de la puissance, et qui donneraient la vie assurée à tous ceux qui ont l'intelligence et la force de travailler.

En France même, la Révolution de 89 ne fit que substituer de grands propriétaires aux grands féodaux, et, tandis que les agriculteurs avaient le quart du sol, aujourd'hui ils n'en ont plus que le huitième.

En Amérique, tandis que 91/100 des habitants ne possèdent que le 20/100 de la richesse du pays, 9/100 en possède le 80/100. 4,047 familles possèdent 36 fois plus que 11,587,887 familles réunies.

Des politiciens ignorants (et ils sont nombreux) considèrent le socialisme comme le fidèle allié de l'anarchie ; il en est au contraire le plus grand ennemi et le meilleur préventif.

« Personne, écrit un de nos plus sympa-
« thiques socialistes, — pas même les conser-
« vateurs les plus enragés, — ne s'est élevé
« aussi résolument que les socialistes contre
« les promoteurs de l'absurde et sauvage théo-
« rie de l'assassinat politique en vue de la re-
« vendication économique. Les jésuites ont glo-
« rifié Judith, armé la main de Ravaillac et les
« bourreaux de la meurtrière Inquisition. Les
« chefs du tiers-état chantent dans leurs écoles
« les gloires de Timoléon et de Brutus et four-
« nissent des pensions aux familles d'Agesi-
« lao Milano et de Félix Orsini. Les socialistes,
« au contraire, qui préconisent une morale ba-
« sée sur l'étude positive de l'histoire et de la
« société, ne cessent un instant de répéter aux
« travailleurs que leurs maux ne leur viennent
« pas des riches, mais sont produits par l'iné-
« vitable système économique de notre époque;
« que ces maux ne peuvent se guérir qu'en
« changeant ce système économique, qu'ils sou-
« tiennent aujourd'hui eux-mêmes directement
« ou indirectement; que ni les bombes ni le
« poignard ne peuvent accomplir ce change-
« ment; que ces bombes tuent inutilement

« quelques personnes et laissent immuable la
« constitution sociale ; que seule et fatalement
« y réussira l'action irrésistible et désormais
« croissante de ces mêmes travailleurs, unis,
« organisés, conscients, qui marchent, —
« comme jadis le tiers état, — à la conquête de
« leurs droits, et donnent naissance à une so-
« ciété nouvelle en harmonie avec leurs inté-
« rêts (1) ».

L'anarchie disparue en Allemagne, en Autriche, en Angleterre, après la grande extension
du socialisme, André Costa pendu en effigie,
Prampolini poignardé par les anarchistes pour
avoir initié ce nouveau mouvement, et les
attaques farouches de la presse anarchiste
européenne contre tous les socialistes, prouvent du reste combien est grande la divergence
entre les deux camps.

Le socialisme, en somme, pourrait (avec les
conclusions qui résultent de nos observations),
démontrer l'inanité des principes anarchistes,
aux masses qui sont éblouies par cette doctrine (2). Il démontre, en effet, que toute nou-

_____

(1) *Crime politique et Révolutions*, Lombroso et Laschi,
1re partie.
(2) *La Giustizia*, 1er juillet 1894.

velle forme politique et économique ne survient
qu'après une longue préparation : seul un changement lent, ordonné, dans le système capita-
liste, pourra améliorer les conditions des plus
pauvres, en diminuant la concentration excessive de la richesse. Seul il pourra réagir contre
le favoritisme égoïste et étroit de la vieille économie politique qui, émanant des riches, ne
songe qu'aux riches sans plus se préoccuper
des pauvres.

Mais il faut surtout faire du socialisme pratique et non du socialisme boudhiste, comme on
le fait en Italie. Il faut que les socialistes pensent qu'à force de vouloir être purs, ils finissent
par être nuls. Vu la grande utilité de la cause
qu'ils ont en main, il les faut excuser si, en vue
du succès qui est tout en politique, ils font
alliance avec d'autres partis, du moins sur
certains points où l'opinion entraîne même
les plus rétifs ; par exemple : l'abolition de la
guerre, les huit heures de travail, la transformation des contrats agraires, etc.

De même que nous avons fait un grand pas
dans la subdivision de la propriété, par l'abolition des seigneuries (alors cela paraissait
aussi impossible que la fin du monde), de même,

je crois que sans troubles graves on pourrait provoquer une subdivision plus grande de la propriété au moyen d'une taxe progressive, et au moyen d'une loi de dévolution sur les héri-tages qui dépasseraient un million ou plus, et surtout sur les héritages collatéraux et sans succession, en faveur des classes plus pauvres. Puisque ces immenses fonds, comme la campagne Romaine et Sicilienne, assurent la richesse d'un petit nombre, et sont une perpétuelle cause de misère et de maladie pour un grand nombre de gens, je ne vois pas quelle difficulté il y aurait à une expropriation forcée en faveur de l'État ou des Communes au bénéfice des moins riches. S'il s'agissait d'une inutile et dangereuse forteresse, personne ne trouverait cette expropriation étrange ou violente, tandis que, mieux qu'une forteresse, ces mesures nous garantiraient de la pire des guerres, de la guerre intestine. Je ne vois pas quelles difficultés on peut rencontrer dans la réforme des contrats agraires dans le sens d'un partage plus équitable des revenus agricoles, entre les paysans qui y contribuent pour une si large part avec leurs fatigues. C'était déjà venu à l'esprit de quelques-uns de nos éminents hommes politiques, nul-

lement révolutionnaires, ultra-conservateurs
au contraire, Jacini, par exemple, qui voyait là
le seul remède radical contre la pellagre. Pourquoi ne pourrait-on pas en faire autant pour les
soufres en Sicile, pour les marbres en Luni-
sanie ? Et, si la pénurie de charbon est un des
plus grands obstacles à l'extension de certaines
industries en Italie, pourquoi le pays ne dé-
penserait-il pas, pour favoriser le transport à
distance des forces hydrauliques, dont nous
abondons, au moins le centième des sommes
sottement gaspillées en luxes soldatesques,
dynastiques ou coloniaux ?

Le projet de loi de Crispi sur les « latifondi »
siciliens aurait été une tentative dans ce sens,
qui aurait au moins démontré l'intention de
changer, en quelque sorte, ces droits de propriété qui sont trop injustement prétendus inviolables. Mais hélas ! cette Chambre, qui a trouvé
tous les partis d'accord au moment des propositions de répressions violentes, n'a pas trouvé le
temps de l'approuver ;... pas même de le dis-
cuter. Crispi lui-même n'a pas insisté pour
l'examen d'un projet que très probablement il
était loin de vouloir faire aboutir. Ce n'était,
du reste, qu'un essai informe, car l'expérience

nous démontre que les petites propriétés sont rapidement absorbées par les grandes ; de sorte que les nouveaux propriétaires seraient en peu de temps redevenus prolétaires, comme le sont devenus ceux entre les mains desquels tombèrent les petits lots des mainmortes de l'Église, qui sont redevenues les mainmortes des banques. De même que les grandes masses (à l'instar des lois physiques), absorbent toujours les petites, de même les grandes propriétés qui seules peuvent disposer de machines agricoles, de masses d'eau, de fumures, etc., finissent au premier besoin par ronger, puis par absorber le petit fonds voisin. Il faut être aussi fous que les anarchistes pour croire qu'on peut y pourvoir en retournant aux formes primitives de la propriété. Contre l'absorption inévitable de la petite propriété, il n'y a pas autre chose à faire que laisser s'organiser sous forme coopérative les tout petits propriétaires et les prolétaires des champs (1), au lieu de chercher avec le fer et le feu à détruire leurs unions, car ce n'est qu'organiquement qu'ils peuvent former une assez grande masse pour

(1) Sonnino avant de devenir ministre et contradicteur, hélas ! de sa propre pensée, y avait présidé.

résister à l'accaparement fait par les masses,
plus puissantes, des grands propriétaires.

Certainement le Gouvernement a le devoir de
veiller à ce qu'ils ne dépassent pas les limites
des intérêts économiques. Si on veut procéder
graduellement, qu'on oblige tout d'abord les
patrons à modifier les contrats agraires, qu'on
empêche les abus qui se font sous forme de
truck système, comme par exemple cette exi-
gence exorbitante, qui veut que les colons ren-
trent tous dans des villes qui sont très loin du
travail. Qu'on permette de fabriquer des mai-
sonnettes dans les champs. Il faudra maintenir
les propriétés communales où elles existaient, et
même les rétablir; pour peu qu'elles soient utiles,
cela vaudra toujours mieux que rien : pour la
Lombardie, instituer à l'égard des propriétaires
qui distribuent du maïs empoisonné aux paysans, une justice aussi sévère que celle qu'on a
innovée pour les anarchistes. Les coupables,
dans ce cas, n'ont pas l'excuse d'une névrose
ni d'une grande idée, et sont bien plus criminels, comme je l'ai démontré.

En Angleterre, pour toutes ces choses, il n'y
a même pas besoin de la formule socialiste.
Dans la question irlandaise d'abord, dans la

question ouvrière ensuite (mineurs, déchar-
geurs de charbon), avec la liberté de grève,
avec la concession spontanée des huit heures
de travail dans toutes les manufactures de
l'État, avec l'arbitrage dans lequel patrons et
ouvriers ont voix égales, ce gouvernement a
prévenu tout excès entre les classes opposées,
et aujourd'hui, sous les auspices d'un lord véritable (lord Rosebery), il n'est pas loin d'apporter la solution de la question sociale sans
secousses et sans violences. Et c'est justement
dans ce pays que l'anarchie est complètement
impuissante ; elle y est inutile et méprisée de
ceux auxquels elle prétend porter secours, et
qui comprennent qu'elle ne peut que leur faire
du mal.

Politique. — Il y a en Italie des maux, pro-
voqués par le climat, par l'histoire, par la race,
et auxquels on ne peut certainement pas porter
un remède immédiat ; mais au moins ne laissons pas dans l'oubli les remèdes que la plus
commune sagesse peut préparer.

Dans l'ordre politique, une diminution de l'im-
munité parlementaire et de la puissance exagérée concédée aux députés serait pour eux une
sauvegarde bien plus grande contre les coups

anarchistes que les grilles et les gardes dont ils commencent à s'entourer.

Lorsque les rois étaient despotes, il était naturel que l'anarchie fût régicide; aujourd'hui que les députés sont irresponsables autant que les rois, plus despotes et plus coupables qu'eux, il est naturel que ce soit à eux que les anarchistes s'en prennent et que le députicide se soit substitué au régicide.

Nous avons lutté pendant des siècles pour supprimer les privilèges des prêtres, des guerriers, des rois, et maintenant, pour avoir une liberté qui n'existe pas en réalité, nous concédons à plus de sept cents rois les privilèges les plus extraordinaires, qui leur permettent de commettre même les délits les plus communs sans crainte de la justice!

Et ici il est utile de rappeler l'institution, que j'ai proposée dans mon *Crime politique*, d'un Tribunal qui ait le droit et le devoir de dire à tout le monde la vérité sans courir le risque de procès en diffamation. Je l'ai fait en pensant que ce n'est qu'au Tribunat que la République Romaine a dû son équilibre et sa stabilité, et que, si beaucoup d'injustices des Gouvernements despotiques italiens ont été supprimées, c'est à une espèce de Tribunal civil, l'avocat des pauvres, qu'on le doit.

Dans les récents procès des Banques, sans les Tribuns démocratiques à Paris, et sans Colajanni, chez nous, tous les hommes *sérieux*, tous les partis se seraient mis d'accord pour étouffer le méfait, pour cacher la plaie jusqu'à ce qu'elle fût en gangrène. C'est pourquoi nous croyons qu'un bon Gouvernement ne devrait pas empêcher, comme l'a fait le nôtre, l'élection de ces tribuns, mais la favoriser au contraire de toute façon, comme arrhe de sa propre honnêteté, comme une garantie pour le public, car il y aurait toujours un homme pour dire la vérité même quand les autres la tairaient.

Une des réformes qui arrêteraient le mieux la corruption et l'anarchie qui la suit comme un vautour à la recherche de cadavres, consisterait en une large décentralisation. Lorsque des Gouvernements concentrés comme le nôtre et comme le Gouvernement français sont chargés d'administrer des sommes énormes, de combiner des affaires dans lesquelles il s'agit de milliards et de milliards, comme pour beaucoup de nos travaux publics, la corruption s'établit tout de suite autour de lui, parce que le contrôle du

public est moins direct et plus mou, et l'espoir
de l'impunité plus grand. Faites au contraire
agir les administrations sous les yeux des habitants d'une ville, et le contrôle sera bien plus
efficace, et plus grande sera la retenue des
esprits faibles que l'argent pourrait fasciner ou
perdre. Tout le monde a pu constater que les Panamas se font autour des grandes administrations centrales, mais jamais, ou du moins dans
des proportions très restreintes, dans des
administrations communales (Ferrero).

Il faut être dix fois aveugle pour ne pas s'apercevoir, en se comparant à la Norwège, à la
Suisse et à la Belgique, qu'avec notre ridicule
envie de prôner, nous sommes, en Italie, l'avant-
dernier sinon le dernier des peuples de l'Europe; le dernier pour la moralité, le dernier
pour l'instruction, le dernier pour l'activité in-
dustrielle et agricole, le dernier pour l'intégrité
de la justice, surtout le dernier pour l'aisance re
lative des basses classes, d'où vient le véritable
bonheur que l'on respire dans les petites villes de
la Suisse, et sur les fiords de la Norwège. Nous
sommes les premiers au contraire pour les ter-
rains incultes et la malaria, les premiers pour
les maladies endémiques, les premiers, hélas !

pour le délit, et les premiers pour le poids des
impôts. Or je ne demande pas qu'à tout cela
on porte remède d'un seul coup, mais, par Dieu!
n'augmentons pas par notre aveuglement la
chance d'inévitables malheurs, n'augmentons
pas avec les nouvelles et ancestrales violences
les disproportions entre les classes, que la
misère rend déjà si visibles et si douloureu-
ses. N'empêchons pas que des agrégations de
groupes importent lentement un apaisement
naturel.

Surtout, étant pauvres et petits, cessons de
nous gonfler comme la grenouille d'Ésope, avec
des alliances peu sûres, et avec un armement
mille fois hors de proportion avec ce que nous
sommes. Substituons la modestie à la violence
et à l'intrigue.

Connaître à fond notre faiblesse et nous régler
selon elle serait déjà un commencement d'a-
mélioration; tandis que nous faisons des folies
en luxes coloniaux, sur des terres d'où s'éloignent même les nations les plus riches, et où nous
n'ayons rien à gagner; au contraire, nous folâ-
trons derrière une primauté politique qui ne cor-
respond pas au véritable bilan de nos forces, en
entretenant une armée qui, au premier coup de

fusil, serait réduite à néant, faute de ce nerf de la guerre qui est l'argent : tout cela multiplie notre malheur d'une façon incalculable, et, le pire, c'est que ces maux ne découlent pas de la force naturelle des choses, mais sont dus à notre propre faute.

De même que l'on voit le choléra frapper les quartiers les plus pauvres et les plus sales d'une ville, et nous indiquer où l'on doit plus spécialement porter les soins prophylactiques, de même l'anarchie devient plus audacieuse dans les pays moins bien gouvernés, et c'est pourquoi son apparition pourrait être, au milieu de l'apathie des masses ou des hommes politiques, un indice de mauvais gouvernement, et, par suite, un vif stimulant pour l'amélioration. Aussi devons-nous surveiller son apparition, qui nous signalera les mesures aptes à supprimer les désordres et les maux qui favorisent sa venue et son installation.

Nous faisons le contraire, hélas ! Nous laissons à la police le soin de faire une sélection à rebours des meilleures intelligences, pour les supprimer et en priver les populations déjà si peu éclairées, de sorte qu'elles pourront plus facilement être en proie aux plus regrettables passions.

Après avoir proclamé à hauts cris la liberté des grèves, au moyen d'une législation incorrecte, nous rendons vaine la plus légère tentative de les essayer. Nous en sommes arrivés à prohiber le système le plus pacifique qui ait été institué contre les exagérations de la spéculation, comme les ligues de résistance, comme le boïcottage, etc.

Or cela n'est pas réprimer, c'est exciter les anarchistes, en pratiquant contre les classes infimes ce qu'ils essayent de faire eux-mêmes contre les hautes classes.

Il est indéniable que personne ne songeait, avant la dernière rébellion, à pourvoir d'une façon sérieuse aux maux de la Sicile, révélés successivement par Villari, Sonnino, Damiani, Colajanni, Alangi. On n'avait même pas formulé ces éternels projets de loi qui restent si souvent lettre morte. On n'y a même pas pensé lorsque est arrivé au Gouvernement celui qui, le premier, les avait signalés. La déplorable émeute de ces derniers temps a certainement fait plus pour l'initiative des réformes agraires de cette île, qu'en trente ans 10,000 députés, qui n'y ont même pas songé : elle a fait naître de sérieux projets de réformes économiques.

De même, les mouvements anarchistes de l'Irlande ont suggéré les mesures de Gladstone. En Russie, en Espagne, aux mesures répressives toujours plus rigoureuses, sans l'apport d'un changement quelconque des institutions, répondent des attentats toujours plus graves.

De grâce, ne les imitons pas, ne soyons pas aveugles comme eux! Peuple qui, parmi tant de hontes et tant de vices, n'a heureusement pas eu le défaut d'être intempérant en politique, ne gâtons pas nos bonnes traditions, ne nous acharnons pas d'une façon enfantine contre l'anarchie, car nous courrions le risque de la faire grandir et de la rendre plus meurtrière; recherchons-en au contraire les causes, et tâchons d'y appliquer des remèdes radicaux.

APPENDICE I

APRÈS LA MORT DE CASERIO

Certains journaux autorisés, parmi lesquels
la Neue Freie Presse, qui déjà m'a donné sa
courtoise hospitalité à ce sujet, m'ont fait la
remarque que Caserio vu aux assises de Lyon
présente quelques caractères différents de ceux
que j'ai essayé de tracer. Je pourrais répondre
que non seulement l'homme normal, mais encore l'aliéné, mis devant un grand public, et
dans des occasions solennelles, se modifie au
point de changer presque dans sa personnalité psychique, comme s'il se trouvait sous l'influence de la suggestion hypnotique. L'homme,
même le plus modeste, peut paraître orgueilleux, ne serait-ce que dans les derniers recoins
de ce fond vaniteux que chacun de nous
porte dans son cœur à quelque degré.

Mais il me semble que Caserio, pendant et

après les assises, a bien moins changé qu'on
n'aurait pu l'imaginer, de ce qu'il était ou plutôt de ce que je l'ai dépeint.

On a dit, par exemple, que la description que
j'avais faite de son physique était trop embellie.
Eh bien, la première impression que fit sur tous
la physionomie de Caserio aux assises était le
manque de caractères criminels, tellement que
le public disait : « Avec cette figure, comment
ce peut-il être un assassin ? » ou encore : « *Où
est l'assassin !* » (*Journal des Débats.*)

On a nié ses tendances épileptoïdes, impulsives, parce qu'il se défend violemment d'être
fou. Il faut ne pas être aliéniste pour ignorer
que les aliénés et tout spécialement les épileptiques se défendent toujours d'être malades,
et, si on s'en tenait à eux, les asiles n'existe-
raient pas.

Le fait de devenir furieux quand on touchait à ses idées délirantes de prédilection,
sur l'anarchie, l'amitié et la complicité de
Gori, ou quand on voulait faire allusion
à son aliénation mentale, d'aller jusqu'à in-
vectiver son avocat, prouve clairement son
état.

On a dit, et je ne sais avec quelle preuve à

l'appui, qu'il était vil. Ce n'est pas vrai!... On a rarement vu aux assises un homme plus décidé à brûler derrière lui ses vaisseaux, à écarter toutes les preuves qui pouvaient diminuer sa culpabilité, la folie, par exemple, à refuser même de signer son recours en cassation. Les motifs de nullité (le président ayant prévenu les jurés, etc.) étaient cependant légalement très justes ; son recours aurait pu retarder sa mort, sinon lui offrir la probabilité d'une condamnation moins terrible, chose impossible vu l'état d'esprit du public.

Toute son attitude au moment de mourir me semble confirmer le tableau que j'ai fait de lui. Le criminel-né (je l'ai démontré dans mes *Palimsesti*, ch. « Agonie »), étant impassible et apathique pour les souffrances d'autrui, l'est aussi pour les siennes, et il se montre indifférent et parfois jovial devant le supplice.

Caserio, à sa dernière heure, quoiqu'il eût promis, avant, de montrer un grand courage, a cependant paru du moins chancelant (par ce qu'on peut lire dans les journaux) ; il pleura, pâlit, il se comporta par conséquent comme chacun de nous le ferait si, tout jeune, nous devions mourir avant notre temps.

La ténacité monoïdéiste cependant ne l'a pas trahi; il ne se confessa point, ni ne se repentit, ni ne parla de complices. Quand il fut tout à fait sous le couteau, reprenant tout ce qui lui restait de forces, il émit le cri anarchiste qui prouve que sa passion politique avait primé la peur, dont le principal phénomène est celui de rendre aphone. Il mourut donc comme il avait vécu.

Ce que je nie, tout à fait, c'est qu'il fut orgueilleux : cela ressort de ses signatures, très modestes.

Les personnes qui ont émis ces jugements (comme le bon prêtre de Motta), partent d'un principe faux. Elles partent de leur propre point de vue, de leur propre personnalité; elles ne savent pas se placer au véritable point de vue, qui est celui de l'individu en question, point de vue bien différent de celui des pacifiques pseudo-psychologues qui se font ses juges.

S'il préfère mourir que de perdre l'occasion de lire son mémoire insensé; lui jadis si religieux, s'il refuse de se confesser, s'il s'irrite quand on lui parle de complices, c'est parce que, dans son monoïdéisme maladif, propager ses idées est le seul but de sa vie. Se sacrifier pour ses compagnons est un des côtés de son monoïdéisme. Il croit de cette façon atteindre le but pour lequel il s'est fait assassin, pour lequel il s'est sacrifié d'avance. L'homme de bon sens à idéal différent de celui de Caserio, qui ne partage pas ses mobiles, doit se les expliquer à la diable ; il a recours à l'orgueil, au cynisme, à la cruauté, ce qui l'empêche de voir dans le cas de Caserio cet amour ingénu, très étrange du vrai, qui est le propre de ces tempéraments fatiques, monoïdéisés. Aux assises, Caserio s'indigne devant l'affirmation de quelques témoins qu'il ait été arrêté par trois agents, tandis qu'il n'a été arrêté que par un ; cela va cependant contre sa vanité, il le soutient quand même, avec ténacité. Si, comme on le prétend, il avait été vaniteux, il aurait dû soutenir le contraire.

Sans vouloir s'arrêter à l'émotion que provoqua en lui son avocat en parlant de sa mère (émotion qu'il a regrettée ensuite, dit-on), ces quelques lignes écrites après sa condamnation à mort et que d'autres que j'ai citées ailleurs corroborent, suffiraient à démontrer ses sentiments affectifs :

Lyon, 3 août 1894.

CHÈRE MÈRE,

Je vous écris ces quelques lignes pour vous faire savoir que ma condamnation est la peine de mort.

Oh! ma chère mère, ne pensez pas (comprenez : ne pensez mal) de moi! Mais pensez que, si j'ai commis cet acte, ce n'est pas que je sois devenu un malfaiteur, et cependant beaucoup vous diront que je suis un assassin, un malfaiteur.

Non, parce que vous connaissez mon bon cœur, la douceur que j'avais lorsque j'étais auprès de vous! Eh bien, aujourd'hui encore, c'est le même cœur : si j'ai commis cet acte, c'est parce que j'étais las de voir le monde aussi infâme.

Ces lignes ne peuvent être écrites que par un fou qui a du bon cœur.

Et c'est beau de voir, même dans son stupide programme, quelle impression profonde ont faite en lui les malheurs de ses compagnons et de sa petite nièce, au point de lui faire perdre sa confiance en Dieu. Caserio vous répète:

« Des centaines d'ouvriers cherchent du travail et n'en trouvent pas; des enfants demandent du pain à leurs parents qui n'en ont pas à leur donner. »

Dans le pays où il est né, *il pleura souvent*
en voyant sa nièce âgée de huit ans travailler
quinze heures par jour pour vingt centimes, et
en voyant tant de paysans mourir de pellagre...

En réfléchissant à tout cela, il se disait que, si
beaucoup souffrent de la faim et du froid, ce
n'est pas que le pain et les habillements manquent (les magasins en regorgent), c'est parce
que beaucoup nagent dans le luxe sans travailler.

Lorsqu'il était enfant, on lui apprit à respecter la patrie; mais, quand il vit la misère des
paysans obligés d'émigrer au Brésil, il se
dit que la patrie n'existe pas pour les pauvres.
Il croyait en Dieu; mais, quand il vit le monde,
il dit : Ce n'est pas Dieu qui a créé les hommes,
mais ce sont les hommes qui ont créé Dieu. Il
devint anarchiste lorsqu'il vit le Gouvernement
faire tuer les paysans.

Son pauvre programme nous donne la meilleure démonstration de la vérité de ce que j'avais
certifié : que certainement parmi les causes qui
le poussèrent à l'anarchie se trouvait la mauvaise condition des paysans de la basse Lombardie. En tous cas, l'importance qu'il attachait
à son écrit était mathoïdesque. Il est facile de
comprendre que son factum aurait même été

beau, éloquent même, qu'en passant par les mains de l'interprète il devait perdre toutes ses qualités, auxquelles, à vrai dire, l'auteur ne pouvait guère aspirer, connaissant à peine sa grammaire et étant si confus.

On m'a encore reproché les preuves que j'apportais contre cette prétendue exagération de sobriété et de chasteté que j'entrevoyais par ses lettres, d'après lesquelles j'affirmais l'existence d'un véritable monoïdéisme. Mais on a confondu l'abstinence complète avec cette sobriété qui fait que, tout en ne repoussant pas les impulsions les plus organiques, il en fait le moindre usage, il s'en préoccupe le moins possible. J'ai lu dans les journaux français, qui n'étaient certes pas enclins à bien parler de lui, qu'en ces derniers jours, pendant lesquels, avec cette hypocrite pitié qu'on a envers les condamnés à mort, on lui administrait un surcroît de nourriture, il ne but qu'une petite quantité de vin, et toujours mêlé d'eau.

Voudrait-on dire que Caserio était un ivrogne parce qu'il ne s'abstenait pas complètement du vin ?

De même, si quelques mois avant il eut une maladie vénérienne, voudra-t-on dire, pour une

seule fois qu'il fût allé à l'hôpital, que c'était
un lascif ? Bien au contraire, dans sa vie vagabonde, quoique impulsif, il ne s'est jamais dis-
puté pour des femmes ! Dans toute sa collection
de lettres, on ne trouve pas une allusion à une
autre femme que sa mère ! Même nous savons,
à la suite d'une confidence d'un de ses mentors,
que, du jour où il s'est adonné à l'anarchie, il
devint indifférent pour le beau sexe (1). Compa-
rez-le à Vaillant, qui vole la femme d'un ami
pour vivre avec elle, et concluez.

La *Neue Freie Presse* a dit qu'évidemment il
méritait la mort.

Pour celui qui voit clair sous les apparences,
les responsabilités de la justice et l'intensité
des peines varient pour les crimes politiques
selon le moment. L'indignation était telle en
France, à la suite de la mort de son Président,
que l'on comprend qu'elle ne put être apaisée
que par la mort de son auteur. Mais que l'on
considère que Caserio était très jeune, presque
mineur, impulsif, épileptoïde, et qu'il n'avait

(1) L'avocat Gori a dit dernièrement à un correspondant de
la *Tribuna* (1er août 1894) qu'ayant un jour demandé à Caserio
s'il avait des rapports avec des femmes, il eut de lui cette réponse :
« Avant, oui. Mais, depuis que j'ai épousé l'idée, je ne fréquente
plus de femmes. »

jamais commis d'autre délit avant son crime ;
s'il a changé au point de devenir un fanatique
anarchiste de fanatique catholique qu'il était,
cela prouve que, dans d'autres conditions de
milieu, il aurait pris une voie tout autre ; il me
semble que la peine de mort avait bien moins de
raisons de lui être appliquée qu'à Pini et à
Ravachol.

Toutefois, je le répète, si la justice doit être
moins l'application d'une peine à un criminel,
que la satisfaction à donner à un sentiment
public, la peine de mort ne pouvait être épar-
gnée à Caserio.

APPENDICE II

Extrait des comptes rendus du IVe Congrès international d'Anthropologie criminelle. Session de Genève, 1896.

L'ANARCHISME ET LE COMBAT CONTRE L'ANARCHISME AU POINT DE VUE DE L'ANTHROPOLOGIE CRIMINELLE.

> Si nous voulons défendre la société et avoir la conscience pure, ne cessons pas de vouer nos forces à la réforme, à l'évolution progressive de cette société même, afin qu'ainsi elle soit digne d'être défendue.

RAPPORT PRÉSENTÉ PAR M. LE Dr G. VAN HAMEL, PROFESSEUR DE DROIT A AMSTERDAM

L'auteur de ces pages doit commencer par offrir au Congrès ses excuses. Plusieurs circonstances, entre autres une maladie assez grave, l'ont empêché de vouer à l'étude du sujet et à la rédaction du rapport le temps dont il aurait voulu disposer. Il fait donc appel à la bienveillance de l'assemblée. Mais il n'a pas voulu renoncer entièrement à la tâche dont il s'était chargé. Avant tout, puisque, par le temps où nous vivons, le crime anarchiste certainement est un des phénomènes de la plus haute importance, bien digne de la réflexion d'un Congrès d'anthropologie criminelle.

Nous avons donc à nous rendre compte du point de vue spécial auquel les adhérents de la criminologie nouvelle devront considérer et voudront traiter le *crime anarchiste*.

Quel est ce crime ? Au premier plan, il y a les attentats. Il y a le crime désigné sous la dénomination générale de « propagande par le fait », qui trouve son type dans les faits et gestes de Ravachol, de Vaillant, d'Émile Henry, de Caserio, de Pallas, des anarchistes du Liceo de Barcelone, des anarchistes de Chicago et de tant d'autres. Ce sont quelquefois des crimes contre certains représentants déterminés de l'autorité, contre un chef d'État, un membre de la magistrature, une chambre parlementaire, la police ; mais ce sont pour la plupart des attentats contre la masse indéterminée des « bourgeois » ; donc des meurtres et des destructions en masse, commis surtout à l'aide de bombes ou d'autres explosifs. Le caractère général de tous ces attentats contre les personnes et les propriétés, c'est qu'ils émanent d'un même motif : une haine profonde contre la société actuelle et un désir brûlant d'initier pour la vie sociale une ère nouvelle ; c'est qu'ils visent à un même but : la transformation violente des anciennes formes sociales dans les formes nouvelles.

Au second plan, il y a les actes préparatifs. D'un côté la préparation matérielle : la fabrication ou la détention ou le transport des moyens de des-

truction ; de l'autre côté, la préparation intellectuelle ; l'incitation aux attentats nommés, l'incitation directe par la parole ou la presse, l'incitation indirecte par exemple par l'apologie de ces
crimes ou par la caricature.

Le crime anarchiste a été le fruit de la doctrine
anarchiste. Cependant il faudra nettement distinguer ces deux phénomènes du mouvement.

La doctrine anarchiste est une théorie sociale
comme une autre. On pourra abhorrer ses conclusions nihilistes, ou hausser les épaules devant ses
prétentions et ses illusions absurdes, on ne saurait, au point de vue du droit moderne, lui interdire le droit d'être formulée et prêchée comme
toutes les autres théories quelles qu'elles soient. A
la lutte des esprits, tous, sans exception, devront
être admis. Les institutions existantes ne sont pas
immuables par leur essence, toutes sont destinées
à se reformer. Il y en aura toujours qui les atta-
queront, il y en aura toujours qui les défen-
dront.

Aux arguments, aux sentiments nobles et aux
pensées aiguës des uns, les autres auront à opposer des arguments, des sentiments et des pensées
d'un même caractère. Le bon sens des populations
saura à la fin distinguer le blé de l'herbe et, dans
le combat même, les lutteurs auront à apprendre
bien des choses les uns des autres. C'est ainsi que
doit se faire le progrès dans le monde des hommes.

Le mot « anarchie » indique bien nettement

tant le côté négatif et destructeur que le côté affirmatif et créateur de la théorie.

« Anarchie — c'est la définition de l'anarchiste
Jean Grave lui-même dans son livre sur la
Société mourante — veut dire négation de l'autorité. Or l'autorité prétend légitimer son existence sur la nécessité de défendre les institutions
sociales : Famille, religion, propriété, etc., et elle
a créé une foule de rouages, pour assurer son
exercice et sa fonction : la loi, la magistrature,
l'armée, le pouvoir législatif, exécutif, etc. Les
anarchistes doivent donc attaquer toutes les institutions dont le Pouvoir s'est créé le défenseur et
dont il cherche à démontrer l'utilité pour légitimer sa propre existence. » Telles sont les bases des
théories négatives de l'anarchisme, tel est son
raisonnement comme critique sociale. Telle
est la doctrine comme elle émane de Proudhon
et de Bakounine et comme elle est développée
dans les ouvrages du prince Kropotkine, d'Elisée
Reclus, de Jean Grave et d'autres.

La logique de cette théorie porte ensuite l'anarchisme à vouloir, du côté affirmatif de la doctrine, reconstruire sur les ruines de « la Société
mourante » une « Société au lendemain de la
Révolution, » sans autorité quelconque. En opposition à l'organisation dont rêvent les adhérents du socialisme d'Etat, les anarchistes
attendent tout du mouvement absolument libre
et spontané des individus. C'est l'individualisme

porté à son point culminant, l'individualisme le
plus absolu. Et la croyance que les hommes ne
sont mauvais qu'à cause des institutions sociales
actuelles qui paraissent les pousser aux sentiments et aux actions égoïstes porte les anarchistes à avoir une confiance illimitée dans la nature
humaine en elle-même, qui, selon eux, poussera
tous les hommes libres à se respecter et à s'en-
tr'aider mutuellement sans l'intervention d'aucune
prescription ni d'aucune autorité. Quant à cette
Société du lendemain, M. Félix Dubois, dans son
livre intéressant sur *le Péril anarchiste*, nous
donne une description — empruntée à une brochure du docteur Giovanni Rossi — de la colonie
italienne anarchiste au Brésil *Cécilia* où les
pionniers zélés ont tâché de réaliser leurs rêves,
à ce qu'il paraît, au début avec quelque succès,
mais à la longue avec de grandes déceptions.

La théorie anarchiste cependant par son côté
négatif n'est pas une théorie paisible. Elle est
militante, une théorie de combat. Elle repose
certainement sur des raisonnements de l'intelligence, mais plus encore sur des sensations de
l'âme tout entière, des sensations et des émotions
qui ont la force de pousser les adhérents à un
fanatisme effréné.

Pour bien caractériser le côté psychologique de
l'anarchisme, M. Dubois, dans son livre cité, donne
une description de « la psychologie de l'anar-

chiste », description qu'il doit au sociologue M. A. Hamon, à qui il l'avait demandée. Or M. Hamon a composé son tableau psychologique de l'anarchiste d'après les résultats d'une enquête qu'il a faite auprès de plusieurs anarchistes auxquels il posait la question : «Comment et pourquoi ils étaient anarchistes. »

Observons en premier lieu que les anarchistes se recrutent dans les milieux sociaux les plus variés. Savants, paysans, médecins, hommes de peine, journalistes, architectes, employés de magasin et de bureau, ouvriers, littérateurs, commerçants, professeurs, industriels, avocats, rentiers, artisans, fonctionnaires de tout ordre, officiers même fournissent leur contingent à l'anarchie.» Aussi on en trouve sous toutes les formes gouvernementales et parmi les nationaux de pays différents surtout cependant parmi les Français, les Italiens, les Espagnols et les Russes.

Quant au portrait psychologique, le résumé revient à ceci qu'il existe en réalité « un type idéal d'anarchiste » dont la constitution mentale est formée d'un aggrégat de caractères psychiques communs. L'anarchiste-type, selon M. Hamon, peut être ainsi défini : un homme affecté de l'esprit de révolte sous une ou plusieurs de ses formes (esprit d'opposition, d'examen, de critique, d'innovation), doué d'un grand amour de la liberté, égotiste ou individualiste, possédé d'une grande curiosité, d'un vif désir de connaître. A une telle mentalité s'ajoutent : un ardent amour d'autrui, une sensibilité morale très développée, un profond sentiment de justice, le sens de logique, de puissantes tendances combattives. »

De même le grand maître de l'Anthropologie criminelle, le professeur Lombroso dans son livre remarquable sur *les Anarchistes*, voue une étude spéciale à ces deux traits qui les caractérisent : un altruisme profond, même exagéré et un « philonéisme » remarquable, par lequel ils diffèrent absolument de la grande majorité des hommes qui se caractérisent par un « misonéisme » invétéré. Or l'intensité de plusieurs de ces qualités dénotent un déséquilibrement et une tendance maladive sur lesquels je reviendrai.

Les anarchistes fervents ne croient pas à une transformation paisible de la société. Il n'y a que « la révolution sociale » dont ils attendent l'avènement de l'ère nouvelle.

Cependant ce n'est pas des perspectives de cette « révolution », de cette guerre intérieure universelle, que nous avons à nous occuper ici. Nous traitons du crime anarchiste comme nous l'avons défini plus haut ; de ces actes épars qui caractérisent « la propagande par le fait » ; de ces actes qui, chez une grande partie des adhérents, découlent des idées et des sentiments anarchistes et qui sont commis dans un double but de destruction et de terrorisme ; de ces actes qui mettent en danger, je ne dis pas la société existante, mais l'évolution paisible des institutions sociales.

Cette dernière distinction en est une à laquelle je tiens énormément, et ce n'est qu'en me basant sur cette distinction que je crois pouvoir justifier devant notre conscience moderne le combat contre l'anarchisme.

Il n'y a que les conservateurs acharnés, il n'y a que les esprits fermés et les consciences sourdes qui puissent louer sans réserve la société existante. Nous autres, nous savons tous qu'elle porte bien des blessures; nous savons tous que les institutions, les lois et les mœurs couvrent bien des injustices et bien des inégalités irrationnelles. Nous tenons à découvrir ces plaies et à les guérir. Nous voulons, selon la mesure de nos forces, coopérer à une rénovation du système social, et nous voulons vouer à cette œuvre immense, mais sublime, une bonne partie de notre vie.

Mais nous persistons à croire que dans une société d'hommes civilisés les questions, aussi les questions sociales, ne doivent et ne peuvent pas se décider par la force brutale, des armes ou l'explosion aveugle des bombes, mais par ce travail assidu des esprits, par ces persuasions de la pensée et du sentiment, qui sont les grandes forces motrices de l'évolution des idées et de l'évolution des institutions.

C'est cette conviction qui nous donne la force intime et le droit de nous opposer énergiquement contre toute « propagande par le fait », de combattre « le crime anarchiste » sans aucune hésitation et sans aucune crainte.

La solution du problème comment il faudra combattre les menées criminelles des anarchistes au point de vue de la tendance nouvelle de criminologie, de l'anthropologie et de la sociologie criminelle, me paraît assez simple en principe.

Devant ce problème, les adhérents de l'école classique devront, à ce qu'il me semble, se trouver quelquefois un peu gênés avec leurs formules traditionnelles d'un « crime à venger » et d'une « peine méritée ».

Nous autres au contraire, nous avons toujours mis en avant trois thèses fondamentales de criminologie qui ne peut trouver ni justification plus claire ni application plus immédiate que précisément vis-à-vis des attentats, des actes préparatoires et des incitations anarchiques.

En premier lieu nous fondons le droit de punir et toute la pénalité sur la nécessité de la *défense sociale*. En second lieu, nous considérons avant tout le *criminel*, le caractère dangereux de l'homme ; non pas l'acte en soi, tel qu'en rapport avec les effets qu'il a causés il répond aux formules et aux distinctions juridiques, mais l'acte comme expression des intentions criminelles, du caractère antisocial de son auteur. Et en troisième lieu nous voulons, pour le choix des moyens de prévention et de répression, nous laisser guider par l'étude des *causes de la criminalité*.

Ces trois thèses sont des vérités fondamentales, conquises et généralement admises dans le milieu des anthropologistes criminels. Nous n'avons pas à les défendre ou à les développer ici. Nous n'avons qu'à les appliquer.

Laissons là les anarchistes de la pure théorie. Nous n'avons à faire qu'aux hommes de la propagande par le fait, aux auteurs et aux fauteurs du crime anarchiste.

L'attitude des théoriciens vis-à-vis de ces méfaits n'est peut-être pas toujours égale ni toujours nettement dessinée. Mais ce qui est sûr, c'est que dans leur organe *la Révolte* (1) ils ont déclaré ne pouvoir se résoudre à prêcher l'action violente, pour la simple raison qu'eux-mêmes ils ne voudraient pas en donner l'exemple. La « propagande par le fait » qu'ils aimeraient recommander consisterait en ceci : « Profiter de toutes les circonstances de la vie pour mettre ses actes d'accord avec ses idées ; c'est une propagande par le fait d'une action lente mais continue et qui aurait ses résultats. » M. Dubois, en citant ces phrases, rappelle que, par exemple, en harmonie avec cette idée, les filles de M. Elisée Reclus ont conclu des mariages libres.

Mais revenons aux propagandistes par le fait,

(1) Aujourd'hui *les Temps nouveaux*.

dans le sens généralement admis de cette expression, donc aux anarchistes criminels.

Cette grande fraction du parti ne forme pas, on le sait, des associations de malfaiteurs. Chez eux il y a un manque principiel et absolu de tout organisation. Les « compagnons » ne s'unissent qu'en « groupes » libres, où l'on entre et d'où l'on sort à son gré. En principe et en fait, tout dans ce parti est individuel. Le crime aussi. Ils agissent sans complot.

Tous les auteurs de crimes anarchistes ne se ressemblent pas en ce qui les porte à commettre leurs méfaits. Le portrait psychologique du type anarchiste que nous avons décrit plus haut donne une énumération très complète de leurs qualités d'intelligence et de sentiment. Mais on peut avoir toutes ces qualités et reculer cependant devant les excès criminels.

En harmonie avec les études de M. Lombroso, nous distinguons trois catégories : les criminels vulgaires et égoïstes, pour qui l'anarchisme n'est que le manteau dont ils tâchent de couvrir leur nature et leurs intentions basses ; les pathologiques ; les fanatiques chez lesquels un caractère pathologique n'est pas indiqué.

Il est évident qu'une théorie qui prêche le « fais ce que tu voudras » doit être acclamée par des criminels vulgaires qui trouvent l'occasion de s'enrôler dans l'armée arnarchiste. M. Lombroso a constaté que chez plusieurs, parmi les anarchistes,

les traits caractéristiques du criminel-né, tant physiques que psychiques, se retrouvent. Aussi l'expérience a démontré que, même parmi les héros de
l'anarchisme, il y en a qui comptent dans leur passé
des crimes ordinaires, des vols, des meurtres, etc.
Le passé de Ravachol, par exemple, autorise à le
classer dans cette catégorie. Assurément on ne
peut pas nier que chez les individus de cette
trempe aussi le fanastisme anarchique joue un
rôle parmi les mobiles qui les poussent vers leurs
crimes; mais c'est plutôt alors du côté de la haine
contre les « bourgeois » que du côté de la compassion pour les « déshérités ». Très souvent aussi
le mobile anarchiste chez ceux-là n'est qu'un prétexte, qu'un décor à l'extérieur.

Il est évident aussi que le fanatisme anarchiste
en est un qui devra envahir aisément des esprits
qui dénotent un état pathologique, une névrose
ou même quelque maladie mentale. Tout comme
le crime politique, le crime social par le but idéal
que ses auteurs se proposent, est bien propre à
séduire ces esprits malheureusement sensibles et
inflammables. L'histoire des régicides est là pour
prouver le lien intime qui lie un crime comme le
leur à l'hystérie, à l'épilepsie et à la folie même.
Pour ce qui regarde les derniers crimes anarchistes, je rappelle que Salvador Santiago, un des
anarchistes du Liceo de Barcelone, avait une nature
maladivement impulsive; que le père de Caserio
était un épileptique et que plusieurs détails de la

vie du fils semblent indiquer l'influence de ce trait maladif sur sa personnalité. Aussi M. Lombroso écrit-il à la tête d'un de ses chapitres que par la nature même de la révolte et par les principes de l'anarchisme, il se comprend que parmi les anarchistes plusieurs sont des criminels ou des fous et souvent l'un et l'autre. Cependant il faut convenir que dans la plupart des cas, par le fait même que les auteurs des actes anarchistes avant l'attentat ont pu se mouvoir librement dans le monde, il est prouvé que l'état pathologique de leur esprit ne se reconnaît pas aisément, et que c'est bien souvent un état vacillant, portant le caractère incertain et subtil du domaine des frontières de la folie.

Aussi la troisième catégorie certainement sera toujours la plus nombreuse ; celle qui embrasse les délinquants passionnels chez qui, sous l'influence d'une nature déséquilibrée, de plusieurs facteurs sociaux, tel que le manque d'un travail régulier ou la misère, et de la littérature anarchiste, le fanatisme anarchiste est monté à une telle hauteur, que le crime anarchiste en est finalement le résultat funeste.

La question concernant les mesures préventives et répressives a deux côtés : l'indication des crimes et l'indication des mesures pénales ou de prévention.

Les législateurs de la France (1893 et 1894), de l'Italie (1894), de la Fédération Suisse (1893), de l'Espagne (1894), ont voté des lois plus ou moins exceptionnelles dans le but, exprimé plus ou moins clairement, de combattre les menées anarchistes. M. le professeur Garraud de Lyon dans le *Supplément à son Traité de Droit pénal français* (1896), en donne un aperçu auquel je crois pouvoir renvoyer mes lecteurs.

En général, ce sont trois espèces de crimes qui méritent notre attention : l'attentat proprement dit, les actes préparatoires et l'incitation.

Il est inutile de développer le caractère délictueux de l'attentat lui-même, le délit consommé ou tenté de l'assassinat, du meurtre, de l'incendie, de la destruction, du pillage. Tous ces crimes sont du ressort du droit commun.

La punition des actes préparatoires va plus loin ; mais, au point de vue de la criminologie moderne, elle me paraît absolument justifiée. Les législateurs, en voulant classer parmi les crimes des actes préparatoires, ont en vue la fabrication, la détention, le transport ou l'usage de matières explosibles en vue « d'attentats anarchistes » (formule française), en vue « de délits contres des personnes ou des propriétés » (formule suisse ; en vue « de commettre des délits contre les personnes ou les propriétés, de frapper le public de terreur, de susciter des tumultes ou des désordres » (formule italienne). Quelque-

fois ces intentions criminelles pourront être clairement prouvées ; quelquefois il n'y a que la connaissance de la destination de ces matières dont
on peut fournir les preuves ; quelquefois même
on ne pourra constater que ceci, que l'auteur a
dû présumer et par suite qu'il a présumé la destination criminelle Mais, sous quelque forme que ce
soit, il faudra toujours un acte préparatoire d'attentat, résultant de la destination des matières et
de la connaissance de cette destination chez l'auteur. Le caractère d'une préparation un peu éloi-
gnée que plusieurs de ces actes semblent porter
n'exclut nullement la nécessité de les punir. Car
ce sont tous des actes précis qui dénotent le caractère dangereux des auteurs.

L'incitation directe à des attentats anarchistes
ou à des délits contre les personnes et les propriétés compte déjà parmi les crimes dans toutes les
législations.

Deux nuances du crime d'incitation cependant
donnent lieu à des doutes et à des discussions.

C'est en premier lieu l'incitation secrète. Plusieurs législateurs actuellement ne punissent que
l'incitation publique. Mais les menées des anarchistes surtout ont fixé l'attention sur le grand
danger qui résulte de l'incitation secrète. Dans le
système anarchiste, où tout est individuel, c'est
justement l'incitation secrète qui joue le plus
grand rôle. Or je ne vois pas de raison pour laisser cette forme de propagande impunie. Le dan-

ger n'est pas moins grand, puisque aussi les actes
se commettent individuellement. Ce qui sera toujours une chose très délicate, c'est la question de
la preuve. Aussi le législateur français a-t-il cru
devoir prescrire que sur le témoignage seul de la
personne incitée une condamnation ne pourra
pas être fondée. Les législateurs qui dans leur
lois sur la procédure criminelle connaissent une
théorie *légale* des preuves (comme la législation hollandaise) par leur système général con-
duisent déjà à la même conclusion : *unus testis
nullus testis*. Mais, quoi qu'il en soit de la nécessité d'une prescription spéciale à ce sujet, à mon
avis la difficulté de la preuve ne pourra jamais
être un argument pour déconseiller d'une manière
absolue la punition de l'incitation secrète. La
suggestibilité de beaucoup d'individus à l'esprit déséquilibré les rend tout particulièrement
très sensibles pour des théories et des propagandes comme celles de l'anarchisme ; et le danger des attentats auxquels ces incitations peuvent
conduire est un danger qu'il faut éviter avant
tout.

Une autre question se rapporte à l'incitation
indirecte. En général, il faudra avouer que l'incitation qui opère indirectement peut être tout aussi
efficace et tout aussi dangereuse que l'incitation
directe et expresse. Mais la difficulté est là, qu'en
classant parmi les délits l'incitation indirecte on
court peut-être le risque de menacer la liberté des

opinions. L'état moderne certainement voudra et devra toujours éviter de créer des délits d'opinion. Mais là où il s'agit d'incitation à des actes crimi-nels, on n'a pas devant soi un délit d'opinion. Cependant, pour éviter le danger de punir un délit d'opinion sous le masque d'un délit réel, je vou-drais dans cette matière me rallier au système français qui parmi les formes possibles d'incita-tion indirecte en choisit une seule, la plus usitée, la plus efficace et la plus distincte : l'*apologie*.

Quant aux mesures préventives et répressives elles-mêmes, les observations suivantes suffiront dans ce rapport écrit. Elles pourront être plus amplement développées dans la discussion.

Le principe qui doit inspirer toutes les mesures, c'est la résolution inébranlable et inéquivoque de la société existante, de se défendre dans son évo-lution paisible contre toute attaque et d'user de tous les moyens auxquels les ennemis la forceront d'avoir recours. Pas de lâcheté, pas de faiblesse, pas d'hésitation sur ce point. Ce n'est que devant une armée unie et résolue que l'ennemi recule.

Le manque d'organisation du parti anarchiste rend très nécessaire une vigilance infatigable de la police. Celle-ci devra tâcher de connaître les individus et les groupes chez lesquels le danger se cache. Et, comme aussi M. Lombroso l'écrit, un échange international d'informations sur ces per-sonnes et sur leur domicile est indispensable.

La répression vis-à-vis de la catégorie des anar-

chistes qui, au fond, ne sont que des criminels
vulgaires, n'a pas besoin de différer en quoi que
ce soit de la répression du droit commun.

Pour ceux chez qui la médecine mentale peut
constater un état d'esprit pathologique, les asiles,
soit asiles ordinaires, soit asiles spéciaux, sont
indiqués.

Mais on doute du système de répression à suivre
vis-à-vis des passionnels qui commettent des
crimes anarchistes rien que sous l'impulsion du
fanatisme de leur doctrine, et chez qui un état
psycho-pathologique distinct ne peut pas être
constaté.

Deux questions ici méritent une attention spéciale : la question de la peine de mort et celle des
peines privatives de liberté.

En général, le système des législations, à mon
avis devra être celui-ci : de traiter, aussi pour ce
qui concerne les mesures pénales, les crimes
anarchistes non pas comme des crimes exceptionnels, mais comme des crimes de droit commun. C'est le droit commun exigeant le respect
pour la vie, pour l'intégrité corporelle et pour les
propriétés, que les anarchistes violent. C'est
d'après le droit commun qu'ils devront être traités. Si dans leurs cas il y a lieu pour l'admission
de circonstances atténuantes, ou s'il y a des raisons pour appliquer le droit de grâce, que cela se
fasse tout comme cela se ferait si les mobiles
n'avaient pas été des mobiles d'anarchisme. Mais,

lorsque la peine la plus grave — dans les pays de la peine de mort — la peine capitale s'appliquerait pour assassinat ou tentative d'assassinat commun, les mobiles anarchistes en eux-mêmes certainement n'offrent pas des faits d'excuse. Au contraire, le caractère universellement dangereux des criminels ici est hors de doute. Personne n'est à l'abri de leur haine. L'anarchiste Vaillant le disait lui-même : « On fera bien de me guillotiner, je recommencerais dans huit jours. » (Lombroso.)

La sévérité des peines contre des crimes de fanatisme pourra avoir deux effets différents, et l'effet spécial dépendra partout du caractère spécial de l'individu. Il y aura des fanatiques dont le fanatisme est arrêté dans son vol illusionniste par les exhortations et les menaces sévères de la loi. Plus d'un reculera devant les excès lorsque la crainte de perdre la tête lui-même le prend. Mais pour un autre la sévérité de la part de la société existante ne fera que stimuler sa haine et sa hardiesse ; ce qui l'attire, c'est justement la couronne du martyre.

Il est impossible d'admettre sur ce point une règle générale. Ceux qui soutiennent que la mort des héros de l'anarchisme a étendu le culte des martyrs, a augmenté le courage de plusieurs adeptes et, par là, a renforcé l'anarchisme, ont raison. Plus d'un second crime a été commis pour venger la mort de l'auteur d'un premier. Santyago a voulu venger Pallas. — D'un autre côté, la main ferme avec laquelle l'autorité a soulevé le glaive de la justice aura été pour quelque chose dans la diminution remarquable des attentats dans les dernières années.

Mais ce qui est à craindre, c'est que le groupe des martyrs soit fortifié lorsque les anarchistes se verront considérés et traités comme des malfaiteurs exceptionnels. Dites-leur et montrez-leur que leurs crimes ne sont que des crimes qui ont été punis dans tous les temps et partout sur la terre et que malgré l'apparence spéciale des crimes qui sont commis au nom de l'anarchisme, la société se sent protégée encore contre ces crimes-là par son droit commun.

Pour les Etats qui ont aboli la peine de mort, la question de la réintroduction de cette peine est plus difficile. Quant à ce point, je rappelle que les pays abolitionnistes, notamment la Hollande, ne sont parvenus à l'abolition que par la considération que l'état de la criminalité n'y exigeait pas nécessairement la peine de mort. Or il se pourra très bien que les menées anarchistes dans ces pays mêmes vont changer cet état de choses et que la réintroduction deviendra urgente. Si cela doit arriver quelque part, les anarchistes pourront se reprocher d'avoir fait reculer, dans ce pays, la marche de la civilisation.

Le principe que j'ai mis en avant, le principe du régime du droit commun, devra persuader lés législateurs à ne menacer de la peine de mort que les auteurs des attentats contre lés personnes.

Aussi dans toutes les législations ce système paraît être suivi. Malgré le caractère très dangéreux des auteurs d'attentats contre les propriétés, des auteurs d'actes préparatoires, dés auteurs des crimes d'incitations et d'apologie, contre ceux-là la dernière peine n'est pas comminée. On se contente des peines régulières privatives de liberté.

Or, tout en conservant ce principe, je fixe de nouveau ici l'attention sur le régime de la peine indéterminée. Au congrès de Bruxelles, j'ai défendu ce système par rapport aux délinquants incorrigibles, aux grands récidivistes. Ici je voudrais faire la même chose par rapport aux délinquants anarchistes. Non pas contre eux seuls, et comme par exception, mais en général contre tout délinquant dont l'acte par son mobile révèle de la part de l'auteur un danger permanent pour les personnes ou les propriétés. Le principe est le même. Chez les récidivistes, le motif du système était le même que celui que je veux faire valoir ici : le danger social à l'avenir. Le récidiviste donne la preuve de sa tendance dangereuse par la réitération des crimes ; l'anarchiste en donne la preuve par le fanatisme auquel il a voulu obéir en commettant ses méfaits

Puis le régime cellulaire dans le premier temps

et le régime d'un travail assidu et utile dans la
prison même fourniront, peut-être quelquefois,
l'occasion de remplacer un fanatisme criminel et
dangereux par une énergie et un altruisme équi-
librés dont la société pourra profiter.

TABLE DES MATIÈRES

BIBLIOTHEQUE   NATIONALE

SERVICE DES NOUVEAUX SUPPORTS

58, rue de Richelieu, 75084 PARIS CEDEX 02 Téléphone 266 62 62

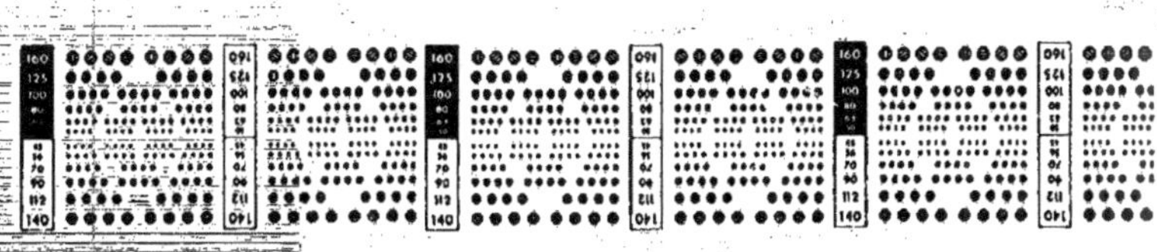

Achevé de micrographier le :   16 / 2 / 1978

Défauts constatés sur le document original

www.ingramcontent.com/pod-product-compliance
Lightning Source LLC
LaVergne TN
LVHW021945030726
842523LV00001B/285